会計人コース **BOOKS**　中央経済社［編］

税理士試験
簿記論
直前予想問題集

令和 **6** 年度　本試験を完全攻略

ネットスクール

千葉商科大学 **瑞穂会**

この他流試合が
合格力を高める!

LEC
東京リーガルマインド

試験委員と同じ立場である
学者×実務家のコラボ

中央経済社

目　　次

本書の使い方

この1冊で!!

・「専門学校」の予想問題が一挙に解ける！

・「学者×実務家」のコラボ模試が解ける！

　本書は，専門学校の予想問題が横断的に見られる唯一の問題集として，毎年，読者の皆さまからご好評いただいています。合格者から，「この『直前予想問題集』のおかげで実戦力を高められた！」という声も寄せられています。

　さらに，試験委員と同じ立場である「学者×実務家」が作成した問題をコラボ模試として掲載しているのも特徴の一つです。さまざまな出題者による問題を解くことで，いつもとは一味違う模試を体感できるハズ。本書をフル活用して，合格力を高めましょう！

■出題者■
第1回　ネットスクール
第2回　瑞穂会
第4回　LEC東京リーガルマインド
第5回　学者：首藤洋志（文教大学経営学部准教授）×実務家：関口高弘（公認会計士）

Step1　誌上模試で「実戦力」を身につけよう！

本試験で実力を発揮するためには，日頃のアウトプット・トレーニングが欠かせません。
いかに本番を想定して，対策できるかがカギです。

POINT

・「制限時間は2時間」時間配分を意識すること

・本試験の開始時間に合わせてスタートすれば効果大（簿記論は9時から開始）

慣れている勉強場所とは
違うシチュエーションで
取り組むと，「集中力」
を高める練習にも!!

Step2 <u>見直しで苦手や弱点を克服しよう！</u>

答え合わせをしたら，正答・誤答にかかわらず「解答・解説」を確認しましょう。

自分の理解が正しかったか，間違った原因は何かを分析し，克服することで，まだまだ実力は伸びるはずです。

POINT

- 「出題者の意図」をチェック
- 「直前期の模試・答練を効率的に復習する方法」（p.viii ～）を参考に復習

> 得意な論点よりも，苦手や弱点をなくす方が「点数の伸び幅」は大きい!!

Step3 <u>繰り返し解いて，実力UPしよう！</u>

学習効果を高めるためには，解きっぱなしにしないこと。同じ問題を繰り返すことで，自分の弱点発見にもつながります。「解答用紙」をコピーするなどして，解き直しましょう。

POINT

- 制限時間を2時間→1.5時間に短縮してチャレンジ
- 取捨選択を意識して，回数を重ねるごとに点数UP

> 本試験で最高のパフォーマンスができるように，実力を上げるイメージを!!

こちらもオススメ！

財務諸表論も同時に受験される方は，
『税理士試験　財務諸表論　直前予想問題集』も要チェックです。
【出題者】
かえるの簿記論・財務諸表論，東京CPA会計学院，瑞穂会，学者×実務家のコラボ模試　誌上模試4回分

今年はココが狙われる

　簿記論における出題論点を一覧にまとめました。例年通り，満遍なく出題されていることがわかります。ヤマを張らずに，基礎項目をしっかり得点できるように対策をとることが大切です。

出題項目	ネットスクール	瑞穂会	LEC	学者×実務家
一般商品取引	○	○	○	○
特殊商品取引	○	○		
現金預金	○	○	○	○
小口現金				
銀行勘定調整表（当座預金照合表）			○	
手形取引	○	○	○	
金融商品会計				
有価証券の売買と評価	○	○	○	○
債権評価			○	○
デリバティブ				○
棚卸資産の評価	○	○	○	○
固定資産取引	○			
減価償却	○	○	○	○
購入・買換・建設				○
資本的支出・収益的支出			○	
資産除去債務		○	○	○
リース会計	○			○
減損会計	○	○		
無形固定資産				
繰延資産				○
借入金		○		
社債取引	○			
新株予約権付社債		○		○
社債発行費				
引当金				
貸倒引当金		○	○	○
賞与引当金		○		
退職給付会計	○	○	○	○
純資産（資本）取引				
増資・減資		○	○	
準備金・その他剰余金の増減			○	

	ネットスクール	瑞穂会	LEC	学者×実務家
剰余金の分配				
新株予約権		○	○	
自己株式			○	○
ストック・オプション		○	○	
分配可能限度額				
税効果会計	○	○	○	○
合併・企業結合	○		○	○
事業分離				
会計上の見積りの変更		○		
工事契約会計				
税金の処理	○	○		
法人税等	○	○	○	○
消費税	○	○	○	○
圧縮記帳				
外貨建取引		○	○	○
本支店会計	○		○	
連結会計		○		○
製造業		○		
本社工場会計				
帳簿組織		○		
伝票会計	○			
収益認識会計	○		○	

解答形式	ネットスクール	瑞穂会	LEC	学者×実務家
仕訳	○	○		○
残高試算表		○	○	○
損益勘定			○	
残高勘定				
製造原価報告書				
貸借対照表	○	○		○
損益計算書	○	○	○	○
キャッシュ・フロー計算書				○
株主資本等変動計算書				

ネットスクール

◎　できなかった原因を特定すること

　模試・答練の結果（正解か不正解か）だけを確認してそれで終わりとしてはいけません。できなかった箇所については，必ずその原因があるはずです。誤りの原因を特定しておかないと，同じような内容の問題が出題された時に，また同じような誤りをしてしまう危険性があります。誤りの原因等について

は，簡単でもよいですのでミスノート等（Excel等でまとめておくのも効果的です）を作成しておきましょう。単純なケアレスミス等についても同様です。原因を特定した上で，テキスト等の該当箇所の復習をすることが大切です。

◎　問題の取捨選択と時間配分が適切であったかどうかを確認すること

　本試験では制限時間内に，解答できる箇所を確実に解答していくことが要求されます。そのために必要なのが問題の取捨選択の判断です。判断の目安としては次のように出題レベルを3段階で捉えるのがよいでしょう。

レベルA…確実に正解できなければならない箇所

レベルB…解答に手間が掛かるか，または判断に迷う可能性はあるものの，できれば解答しておきたい箇所

レベルC…できなくてもよい（飛ばしてしまってもよい）箇所

　解答要求箇所が，どれくらいの出題レベルであっ

たかを必ず確認するようにしましょう。レベルAの箇所を残している段階で，レベルCの箇所に手をつけるのはよくありません。合格レベルの受験生であればレベルAの箇所は高い確率で解答できるはずであり，またそのような受験生が思うように得点できなかった場合の多くは，レベルA（できればレベルBまで）の箇所で普段よりも得点できなかったはずなのです。いつでも「できる箇所を確実に！」解答できるようにしておくことが大切です。復習の順序も，レベルAの箇所の復習が最優先です。レベルAの箇所の理解度に問題がなければ，続いてレベルBの箇所の復習を行いましょう。

◎　各論点別に集中して解き直しをすること

　例えば現金預金，有価証券，固定資産，引当金など，繰り返し出題される重要な論点については，その部分だけを拾い出して解き直しをすることが効果的です。同じような論点からの出題であっても問題の指示が異なっていたり，またボリュームや難易度にも格差があったりするものです。どのような問題指示が重要なのかを確認することで，読み違えによ

るミスを防ぐことができます。また，標準的なボリュームや難易度を確認しておくことで，今後の同様な出題内容で「どれくらいの時間を要するか？」や，「正答率はどれくらいになるか？」等の予測ができるようになると思います。この予測ができるようになれば，問題の取捨選択のミスや時間配分のミスなどは防げるようになるでしょう。

瑞 穂 会

◎ 現時点における自身のレベルを把握する

簿記論では、①個別問題⇒②総合計算問題（基礎編）⇒③総合計算問題（応用編）と学習してきたかと思います。受験生の中には本書がはじめて使う、本試験形式の模擬試験問題だという受験生もいます。時間配分の訓練不足から思った以上に点数がとれなかったという受験生もいたでしょう。また、再受験される方は苦手論点を再確認できたと思います。

以上のように、今年度になり、はじめて自分の学習レベルが見える化できる時期になりましたので、本書の模擬試験問題集で獲得した点数別、または習熟度別の学習が今後求められます。ここで、受け入れてはいけない考え方は「点数が低い＝自分はできない」という思考です。「点数が低い＝課題が見つかり成長できるチャンスがある」と考えれば行動が変わってくるはずです。

また、総合問題を解くにはアウトプットのアプローチ方法（Ｔ勘定など）も確立する時期ですので、こちらも合わせて学習してください。

◎ 振り返り学習教材の視点から見る本書の使い方

本書の難易度の高い問題は再受験者向きのレベルに対応しています。再受験の方は新たな課題の発見をして、現状よりもレベルを高める必要があります。難易度の高い問題を演習することは学習効果がとても高いです。また、初学者で、あまり点数が獲得できなかった方は、その後の復習方法によって理解度がさらに向上しますので焦らず学習を進めましょう。例えば、本問の難易度から習熟度別振り返り学習の方法を次の表にまとめました。

ボーダーライン未満であれば、演習した論点のみで構いませんので、ヨコ解き問題集・個別問題集に振り返り、復習してください。ボーダーライン以上の場合、２回転目は１回転目よりも20点多く獲得できるようにしっかりと見直しをして演習に臨んでください。ケアレスミスの対策も大切です。①問題の読み取りミス、②電卓の入力ミス、③メモ用紙の誤記入、④解答用紙のアウトプットミスなどがケアレスミスの代表例です。自分が、どの系統のミスが多いか分析し解消していきましょう。すべてのケアレスミスをなくすことはできないので、うまく自身のミスと付き合い、防止対策をしてください。

〈習熟度別振り返り学習の方法〉

獲得点数	学 習 方 法
0点～40点未満	ヨコ解き問題集・個別問題集に振り返り、復習してください。
40点～56点未満	ヨコ解き問題集・個別問題集に振り返り、点数が獲得できなかった苦手論点を復習してください。また、総合問題に対する「まとめ方」を部分的に改善してケアレスミス対策をしてください。
56点以上	本書を使い2回転目の問題演習を行い、1回転目の点数＋20点が獲得できるように復習してください。

以上の内容を整理すると次の3点が今後の学習で求められます。

① 本試験を想定して「実践力」を身につける！：時間配分の訓練
② 苦手論点を発見し、ピンポイントで振り返り学習を行う！：習熟度別の復習
③ 繰り返し問題を解き実力をアップする！：経験値の向上

LEC東京リーガルマインド

　税理士試験の科目合格を目指す場合，一般的に，5月～7月上旬ぐらいまでの直前対策期間で提供された答練問題（多くて全10回分ほど）を，本試験までに3回以上解き直すよう指導されることが多いと思います。

　そこで，効率的な模試・答練の復習法について，次のとおりまとめてみました。

	初　見	本試験と同じ条件の下，時間配分と取捨選択を強く意識して解く
解き直し	1回目	制限時間は度外視して，全ての問題について，自力で正解を出してみる（*1）
	2回目	再度，本試験と同じ条件の下，初見よりも高得点を目指す（*2）
	3回目以降	問題を組み替えて，本試験と同じ条件の下，合格点（60％）を目指す（*3）

（*1）　初見からなるべく間を置かずに（3～4日以内で），復習しましょう。その際，制限時間は度外視して，初見ではできなかった所や飛ばした所もしっかり考え，自力で正解を出す努力をします。

（*2）　1回目の解き直しから1～2週間程度の期間を空けて，初見の際と同様，時間配分と取捨選択を強く意識して，より高得点を目指します。

（*3）　各回の問題をシャッフルした答練を用意します。そして，問題の組み合わせや分量のバランスが変化した答練を，改めて時間配分と取捨選択を意識して解き直します。それぞれは既知の問題でも，組替によって，合格点を取るための戦略を新しく考えることになり，実戦的な訓練ができます。これを，本試験の直前1カ月間で全ての答練について繰り返します。

　なお，問題を組み替える際には，すべての答練について出題内容一覧表などを作成しておけば，非常に役立ちます。できる限り詳細な一覧表を作成することにより，次のようなメリットも得られます。

・答練に出題されている重要性が高い（と思われる）項目を一覧できる。

・反対に，手薄になっている項目にも気付くので，別途，テキストや問題集を確認しておけば，学習範囲を網羅的に復習できる。

　一覧表を眺めるだけで，模試・答練の内容を細部まで思い出せるぐらいになれば，合格の可能性は相当に高まっていると言えるでしょう。

学者×実務家

【第一問・第二問】

　限られた時間の中で，少しでも学習効果を高めていくためには，出題されやすい重要論点を中心に勉強しつつも，全く触れることができていないという領域をできる限り減らす意識が重要です。自分自身の得意領域といえるカバー範囲を増やすコツとして，私は文字を（実際に）書かない勉強方法をおすすめします。文字を書くと，（読むだけの場合と比較して）時間がかかってしまいますよね？

　基本的な論点を確認する教材については，すべての問題の仕訳を（実際に）書く必要はありません。できる問題に時間をかけて勉強することでリズムに乗ることは，ときに大切な場合もあるでしょう。しかし，ただ勉強している感に浸ってしまうようなことになってしまっては本末転倒です。

　解き方がわからない，もしくはしっかり理解できていないような問題にこそ向き合い，時間をかけてでも解けるようになることが大切です。そのためには，解き方がわかっている問題であれば，問題を読み，頭で考え，解答までのプロセスを想像し，模範解答の解き方を確認するだけで十分でしょう。逆に，解き方がわからない場合や，自信がない試験範囲の問題については，実際に手を動かして解いてみることで，着実に成長していく必要があります。

　要するに，多くの範囲を頭の中にスキャンしていく要領を意識し，できる限り多数の問題に触れ，簿記の問題の解き方を理解・確認することに重点を置くことで，膨大な試験範囲に広く，ポイントを絞ってアクセスできるという理屈です。その際，たとえ手を動かさなくても，頭だけはフル回転させて，思考することに全力を注ぎましょう。

　なお，最終的には，本試験同様の緊張感の中で，本試験レベルの問題を，時間を計ってどれだけこなすことができたのか，ということが勝負を決すると思います。傾向をつかむ上で，過去問に触れることも大切です。本試験のシミュレーションになるようなトレーニングにこそしっかり時間をかけていきたいですね。

（首藤洋志）

【第三問】

　税理士の簿記論における総合問題は，圧倒的なボリュームと実務的で分かりにくい資料に基づく出題が行われることも多く，時間内で高得点をとることは難しいことが多いです。

　しかし，合否を分けるのは，難易度の高い実務的な論点ではなく，多くの受験生が正解できる基本的な典型論点に関する解答箇所です。そのような解答個所を積み上げて6割程度の正解ができれば実際の本試験では合格できることが多いです。

　そのため，本試験の頻出論点である現金預金，金銭債権の評価（貸倒引当金），有価証券，一般商品販売，有形固定資産，賞与引当金，退職給付引当金等の基本的な論点を幅広く身につけた上で，これら

の標準的な論点が網羅的に収録されている過去問や各受験予備校の総合問題をできるだけ多くストックし，この総合問題を直前期においても繰り返し解答することで，時間配分や集計力を含めた総合問題への対応力をつけるとともに効率よく知識を確認することができるでしょう。

（関口高弘）

税理士試験＜簿　記　論＞
問 題 編
（制限時間：２時間　100点満点）

解答上の注意事項

◆解答は，巻末の解答用紙を切り取って記入してください。

◆この問題は，2024年４月１日現在の施行法令等に従って
　作成しています。

出題者	第１回	ネットスクール
	第２回	瑞穂会
	第３回	LEC東京リーガルマインド
	第４回	学者×実務家のコラボ模試

出題者● **ネットスクール**

解答・解説⇨72ページ

〔第 一 問〕 −25点−

　以下の**問1**〜**問3**について，それぞれの設問に答えなさい。計算中に円未満の端数が生じる場合には，端数をそのままにして計算を継続し，解答の最終段階で円未満を四捨五入しなさい。

問1　製造業を営むA社（当期はX23年4月1日から始まる1年）の有する製造設備及び本社建物の明細は以下の(1)に示すとおりである。なお，A社は定額法により減価償却を行っている。

(1)　製造設備及び本社建物の明細

	取得原価	取得年月	耐用年数	残存価額	備考
製造設備B	2,800,000円	X16年4月	10年	0円	（注1）
製造設備C	3,000,000円	X17年4月	12年	0円	（注1）
製造設備D	1,800,000円	X18年12月	8年	0円	（注1）
本社建物E	20,000,000円	X07年10月	30年	取得原価の10%	（注2）

　（注1）　それぞれ独立したキャッシュ・フローを生み出す最小の単位である。
　（注2）　全社的な将来キャッシュ・フローの生成に寄与するため，共用資産となる。

(2)　上記製造設備のうち，製造設備C及びDに減損の兆候があり，その割引前将来キャッシュ・フローは，製造設備Cが1,400,000円，Dが550,000円であった。また，本社建物Eにおいても減損の兆候があり，製造設備B・C・D及び本社建物Eを含む，より大きな単位での割引前将来キャッシュ・フローは11,500,000円であった。減損損失は当期末に計上するものとする。

(3)　製造設備Dの回収可能価額は590,000円であるが，製造設備B及びCの回収可能価額は不明である。また，本社建物Eを含む，より大きな単位での回収可能価額は11,000,000円であった。

(4)　共用資産となる本社建物Eの減損損失の認識の判定及び測定にあたっては，本社建物Eを含む，より大きな単位で行う方法によることとする。本社建物Eの正味売却価額は9,890,000円と見込まれた。なお，本社建物Eに配分される減損損失の金額が，本社建物Eの帳簿価額と正味売却価額との差額を超える場合には，その超過額を製造設備B・C・Dの帳簿価額（減損会計を適用したものについては，その適用後の金額）の比率により再配分することとする。

(5)　製造設備Dの減損会計適用後の帳簿価額が回収可能価額を下回った分については，考慮不要とする。

　以上の資料に基づき，以下のア〜エの金額を答えなさい。
　　ア　当期に計上される減損損失の合計額
　　イ　製造設備Cの減損会計適用後の帳簿価額
　　ウ　製造設備Dに配分される減損損失の金額
　　エ　本社建物Eに配分される減損損失の金額

問2 下記の【資料】に基づき，次の各ケースについて，資料中の ア から ウ に当てはまる金額をそれぞれ答えなさい。いずれのケースも「取得」に該当する企業結合であるものとする（取得企業はF社である。）。F社株式の時価は1株当たり14,000円，G社株式の時価は1株当たり11,000円であり，F社の資本金に組み入れなかった金額はすべて資本準備金とする。

（ケース1）　F社はG社の発行済み株式の100％を株式交換により取得した。この株式交換に際し，F社は新株（1株当たりの資本金組入額10,000円）を80株発行した。

（ケース2）　F社はG社を吸収合併した。この合併に際し，F社は新株（1株当たりの資本金組入額8,000円）を80株発行した。

【資料】

1　企業結合直前の貸借対照表

貸 借 対 照 表　　　　　　　　　　　（単位：円）

資　　産	F社	G社	負債・純資産	F社	G社
現 金 預 金	1,360,000	320,000	仕 入 債 務	1,500,000	460,000
売 上 債 権	1,000,000	200,000	退職給付引当金	600,000	140,000
棚 卸 資 産	840,000	120,000	資 本 金	3,600,000	800,000
建 物	1,400,000	400,000	資 本 準 備 金	400,000	80,000
土 地	1,800,000	500,000	繰越利益剰余金	300,000	60,000
合　　計	6,400,000	1,540,000	合　　計	6,400,000	1,540,000

2　G社資産の貸借対照表日における時価

棚卸資産：140,000円　　　建　物：440,000円　　　土　地：560,000円

3　企業結合直後のF社の個別貸借対照表

貸 借 対 照 表　　　　　　　　　　　（単位：円）

資　　産	金　　額	負債・純資産	金　　額
現 金 預 金		仕 入 債 務	
売 上 債 権		退職給付引当金	
棚 卸 資 産	ア	資 本 金	
建 物		資 本 準 備 金	ウ
土 地		繰越利益剰余金	
？	イ		
合　　計		合　　計	

3

問3 以下の【資料1】は，H社が行った割賦販売に関する取引内容であり，【資料2】は商品甲に関する割賦金の回収スケジュール表である（商品乙についても同様の計算を行うこと。）。よって，以下の(1)～(4)について，それぞれの仕訳の空欄 ┌ ア ┐ ～ ┌ オ ┐ に当てはまる金額を答えなさい（単位：円）。

（解答上の留意事項）

H社では，割賦販売の収益の認識について販売基準を採用している。ただし，割賦販売は代金の回収期間が長期に及ぶため，割賦金に含まれている利息相当額については売上収益と区分して経理し，当該利息相当額については利息法を用いて各期間に配分するものとする。なお，適用利子率は年12％（4ヵ月＝4％，6ヵ月＝6％）とする。

【資料1】 割賦販売に関する取引内容

X05年4月1日 商品甲700,000円（原価）を1,000,000円で割賦販売した。代金は6ヵ月ごとに200,000円ずつ回収する契約となっている。

X05年9月30日 商品甲の第1回目の割賦金を入金した。

X06年3月31日 商品甲の第2回目の割賦金を入金した。なお，H社は決算日を迎えた。

X06年4月1日 商品乙900,000円（原価）を1,500,000円で割賦販売した。代金は4ヵ月ごとに300,000円ずつ回収する契約となっている。

X06年7月31日 商品乙の第1回目の割賦金を入金した。

X06年9月30日 商品甲の第3回目の割賦金を入金した。

X06年11月30日 商品乙の第2回目の割賦金を入金した。

X07年3月31日 商品甲の第4回目の割賦金，及び商品乙の第3回目の割賦金を入金した。なお，H社は決算日を迎えた。

【資料2】 商品甲に関する割賦金の回収スケジュール表 　　　　　　　　（単位：円）

	割賦売掛金入金前残高	各回の割賦金入金額	入金額のうち売上原価	入金額のうち受取利息	割賦売掛金回収額	割賦売掛金入金後残高
第1回	※842,473	200,000	140,000	50,548	149,452	693,021
第2回	693,021	200,000	140,000	41,581	158,419	534,602
第3回	534,602	200,000	140,000	32,076	167,924	366,678
第4回	366,678	200,000	140,000	22,001	177,999	188,679
第5回	188,679	200,000	140,000	11,321	188,679	0
合計	——	1,000,000	700,000	157,527	※842,473	——

※ 割賦売掛金842,473円は，以下の方法により算定している。

$$\frac{200,000}{(1+0.06)}+\frac{200,000}{(1+0.06)^2}+\frac{200,000}{(1+0.06)^3}+\frac{200,000}{(1+0.06)^4}+\frac{200,000}{(1+0.06)^5}≒842,473$$

4

(1) X06年 3 月31日の仕訳（商品甲）

(借) 現　　　　金（　＊　） (貸) 割 賦 売 掛 金 [ア]
受 取 利 息（　＊　）

(2) X06年 4 月 1 日の仕訳（商品乙）

(借) 割 賦 売 掛 金（　＊　） (貸) 割 賦 売 上 [イ]

(3) X06年 7 月31日の仕訳（商品乙）

(借) 現　　　　金（　＊　） (貸) 割 賦 売 掛 金 [ウ]
受 取 利 息（　＊　）

(4) X07年 3 月31日の仕訳

(a) 商品甲

(借) 現　　　　金（　＊　） (貸) 割 賦 売 掛 金（　＊　）
受 取 利 息 [エ]

(b) 商品乙

(借) 現　　　　金（　＊　） (貸) 割 賦 売 掛 金（　＊　）
受 取 利 息 [オ]

〔第 二 問〕 —25点—

以下の問1から問3に答えなさい。

問1-1　A社は三伝票制（使用する伝票は入金，出金，振替の各伝票）を採用しており，毎日，各伝票の種類ごとに伝票集計表を作成してから仕訳日計表を作成し，そこから総勘定元帳へ転記している。【資料1】は，A社のある1日に行われた取引のすべてである。

　　　　よって，【資料2】に示す注意事項に従い，以下の(1)及び(2)に答えなさい。

　　(1)　解答用紙に示した各種伝票集計表の合計額をそれぞれ答えなさい。
　　(2)　買掛金勘定の借方及び貸方に転記される金額の合計額をそれぞれ答えなさい。

【資料1】　A社のある1日に行われた取引
①　商品72,000円を仕入れ，代金のうち50,000円は約束手形を振り出し，残額は掛とした。
②　商品98,000円を売り上げ，代金のうち28,000円を現金で受け取り，残額は得意先振り出しの約束手形で受け取った。
③　商品54,000円を仕入れ，代金のうち15,000円は現金で支払い，残額は掛とした。
④　売掛金48,500円を現金で回収した。
⑤　掛で売り上げていた商品のうち，3,200円が品違いのため返品された。
⑥　買掛金27,000円の支払いにあたり，代金の早期決済に伴う現金割引750円を差し引いた残額を現金で支払った。
⑦　前期発生分の売掛金9,500円が貸し倒れとなった。貸倒引当金の残高は8,000円である。

【資料2】　注意事項
①　1枚の伝票に記入できる科目は1つである。振替伝票は，借方と貸方それぞれに1科目ずつ記入できるものとする。
②　【資料1】の取引の結果，仕訳日計表の合計額は312,200円となった。

問1-2　上記問1-1のA社が，仮に五伝票制（使用する伝票は入金，出金，売上，仕入，振替の各伝票）を採用していた場合において，以下の(1)及び(2)に答えなさい。

　　　　なお，【資料2】②を除き，問1-1の資料をそのまま用いること（振替取引の記帳方法も同様。）。

　　(1)　解答用紙に示した各種伝票集計表の合計額をそれぞれ答えなさい。
　　(2)　売掛金勘定の借方及び貸方に転記される金額の合計額をそれぞれ答えなさい。

問2　B社（決算日は年1回12月末）は，従業員に対する退職金について退職一時金制度を採用しており，「退職給付に関する会計基準」に従い，適正に会計処理を行っている。よって，下記の【資料】に基づき，空欄①から⑦に当てはまる金額を答えなさい。

【資料】
1　×01期首における退職給付債務：8,400,000円
2　過去勤務費用は発生していない。
3　数理計算上の差異は，発生の翌期より10年間で定額法により償却を行う。なお，×00期以前において，数理計算上の差異は発生していない。
4　割引率は毎期2.5％とする。
5　勤務費用（単位：円）

×01期	×02期	×03期	×04期
428,000	①	456,000	488,000

6　退職一時金支給額（単位：円）

×01期	×02期	×03期	×04期
480,000	360,000	②	476,000

7　退職給付費用（単位：円）

×01期	×02期	×03期	×04期
③	④	680,500	⑤

8　退職給付債務（単位：円）

×01期末	×02期末	×03期末	×04期末
8,600,000	8,880,000	9,000,000	9,300,000

9　退職給付引当金残高（単位：円）

×01期末	×02期末	×03期末	×04期末
⑥	8,859,200	9,019,700	⑦

問3　C社（決算日は年1回3月末）は×01年4月1日に，下記【資料1】の条件により機械装置を
リース契約した。よって，以下の(1)～(3)の日付において行われる仕訳の空欄ア～オに当てはまる
金額を答えなさい。ただし，空欄（　＊　）の勘定科目又は金額については，各自で推定しなさ
い。

【資料1】　前提条件
1　リース物件：機械装置（所有権移転外ファイナンス・リース取引に該当）
2　借手の見積現金購入価額：27,000,000円
　　貸手のリース物件の購入価額はこれと等しいが，借手において当該価額は明らかではない。
3　リース期間：5年
4　リース料：月額500,000円（総額30,000,000円）
　　支払は1年分を一括して3月末に行う。
5　リース物件の経済的耐用年数：8年
6　借手の追加借入利子率：4％
　　ただし，借手は貸手の計算利子率を知り得ない。
7　借手の減価償却方法：定額法
8　リース債務の返済スケジュール（単位：円）

返済日	期首元本	返済合計	元本返済分	利息分	期末元本
×02年3月31日	（　＊　）	6,000,000	（　＊　）	（　＊　）	（　＊　）
×03年3月31日	（　＊　）	6,000,000	（　＊　）	（　＊　）	（　＊　）
×04年3月31日	（　＊　）	6,000,000	（　＊　）	（　＊　）	11,316,417
×05年3月31日	11,316,417	6,000,000	（　＊　）	（　＊　）	（　＊　）
×06年3月31日	（　＊　）	6,000,000	（　＊　）	（　＊　）	0
合　計	——	30,000,000	（　＊　）	（　＊　）	——

　※　利息の計算は利息法（利息分は期首元本に利子率を乗じて算定）による。なお，利息の計算上，
　　円未満の端数が生じた場合には四捨五入する。

【資料2】　現価係数表

	1年	2年	3年	4年	5年	6年	7年	8年
4％	0.9615	0.9246	0.889	0.8548	0.8219	0.7903	0.7599	0.7307

(1) ×01年4月1日：リース契約日（単位：円）

（借）（　＊　）	ア	（貸）（　＊　）	ア

(2) ×02年3月31日：第1回リース料支払日及びC社決算日（単位：円）

（借）（　＊　）（　＊　）	（貸）（　＊　）	6,000,000
支　払　利　息	イ	

（借）（　＊　）	ウ	（貸）減価償却累計額	ウ

(3) ×05年3月31日：第4回リース料支払日（単位：円）

　　なお，同日のリース料支払を最後に，C社はリース契約を中途解約した。これに伴い，C社はリース物件の貸手に対し，規定損害金7,000,000円を支払うこととなった。

（借）（　＊　）（　＊　）	（貸）（　＊　）	6,000,000
支　払　利　息（　＊　）		

（借）（　＊　）（　＊　）	（貸）減価償却累計額（　＊　）

（借）減価償却累計額（　＊　）	（貸）（　＊　）（　＊　）
リース資産除却損　エ	

（借）（　＊　）（　＊　）	（貸）（　＊　）	7,000,000
リース債務解約損　オ		

9

〔第 三 問〕 −50点−

　Y商事株式会社（以下「Y社」という。）は商品販売業を営んでいる。Y社は横浜に本店，千葉に支店を構え，支店独立会計を営んでいる。Y社が仕入・販売を行っている商品は甲商品と乙商品である。本店は外部から甲商品を仕入れ，外部へ販売するとともに，支店へは毎期仕入原価（税抜きの金額）の15%増しの振替価格で送付している。また，支店は甲商品を本店のみから仕入れているが，それ以外に乙商品を外部から仕入れ，いずれの商品とも外部への販売のみを行っている。

　Y社の第23期事業年度（自2023年4月1日　至2024年3月31日，以下「当期」という。）の本店・支店それぞれの決算整理直前における期末残高試算表は【資料1】，本店・支店それぞれの決算修正及び整理に必要な事項等は【資料2】に示すとおりである。これらの資料に基づいて，【資料3】Y社の本支店合併損益計算書及び貸借対照表を作成し，1から34までの金額を答案用紙に記入しなさい。

（留意事項）

1　問題文に出てくる金額の単位は円である。
2　解答金額については，【資料1】の残高試算表の金額欄の数値のように3桁ごとにカンマで区切りなさい。この方法によっていない場合には正解としないので注意すること。
3　消費税及び地方消費税（以下「消費税等」という。）については，問題文中に「税込金額」又は「消費税等を考慮する」旨の記載のある項目についてのみ，税率10%で税額計算を行うこととする。また，仮払消費税等と仮受消費税等を相殺し，中間納付額を控除して未払消費税等を計上する。なお，支店の未払消費税等については本店が負担するものとする。
4　税効果会計については，適用する旨の記載のある項目についてのみ適用し，記載のない項目については考慮する必要はない。なお，その適用に当たっては，回収可能性に問題はないものとし，法定実効税率は30%として計算する。
5　本問の解答に当たり，繰延税金資産と繰延税金負債は相殺しないで示すこと。
6　法人税等及び法人税等調整額の合計額は，税引前当期純利益に法定実効税率（30%）を乗じて算出した金額とし，法人税等の金額は逆算で計算する。また，未払法人税等は中間納付額を控除して計算する。

【資料1】 決算整理直前における期末残高試算表
1　本　店

借	方		貸	方	
科　　　　　目	金　　額		科　　　　　目	金　　額	
現　　　　　　　金	1,870,000		支　払　手　形	4,600,000	
当　座　預　金	13,508,000		買　　掛　　金	8,200,000	
受　取　手　形	3,600,000		仮　受　消　費　税　等	11,177,600	
売　　掛　　金	5,000,000		繰　延　内　部　利　益	900,000	
有　価　証　券	1,520,000		繰　延　税　金　負　債	13,200	
繰　越　商　品	12,200,000		借　　入　　金	5,000,000	
仮　払　消　費　税　等	17,124,000		社　　　　　債	11,385,000	
繰　延　税　金　資　産	11,400		資　　本　　金	50,000,000	
建　　　　　　　物	（各自推定）		資　本　準　備　金	6,000,000	
備　　　　　　　品	（各自推定）		繰　越　利　益　剰　余　金	5,569,800	
車　　　　　　　両	（各自推定）		その他有価証券評価差額金	30,800	
土　　　　　　　地	21,200,000		甲　商　品　売　上	111,776,000	
投　資　有　価　証　券	538,000		支　　店　　売　　上	80,960,000	
支　　　　　　　店	17,668,000		有　価　証　券　運　用　損　益	30,000	
甲　商　品　仕　入	151,600,000		社　債　償　還　益	75,000	
販　売　費　管　理　費	33,913,000				
社　債　利　息	228,000				
支　払　利　息	112,000				
合　　　　計	295,717,400		合　　　　計	295,717,400	

11

2　支　店

借　　　方		貸　　　方	
科　　目	金　額	科　　目	金　額
現　　　　　金	408,000	支　払　手　形	1,500,000
当　座　預　金	7,624,000	買　　掛　　金	3,400,000
受　取　手　形	5,800,000	仮　受　消　費　税　等	17,664,000
売　　掛　　金	6,800,000	本　　　　　店	15,058,000
繰　越　商　品	12,500,000	甲　商　品　売　上	93,840,000
仮　払　消　費　税　等	7,540,000	乙　商　品　売　上	82,800,000
建　　　　　物	（各自推定）		
備　　　　　品	（各自推定）		
車　　　　　両	（各自推定）		
乙　商　品　仕　入	59,400,000		
本　店　仕　入	79,350,000		
販　売　費　管　理　費	27,420,000		
合　　　計	214,262,000	合　　　計	214,262,000

【資料2】　本店・支店それぞれの決算修正及び整理に必要な事項等

1　本支店間の未達取引に関する事項

（1）　本店から支店へ送付した甲商品1,600,000円（外部仕入原価）が期末日現在未達である。

（2）　支店は本店から仕入れた甲商品460,000円（振替価格）を本店の仕入先へ直接返品したが，期末日現在その連絡が本店に未達である。甲商品仕入については消費税等を考慮すること（下記(3)の甲商品仕入についても同様とする。）。なお，本店ではこの仕入代金を2024年4月6日に現金で支払う契約になっていた。

（3）　支店は甲商品690,000円（振替価格）を本店の仕入先より直接仕入れ，仕入代金については支店が本店宛為替手形を振り出して仕入先へ交付したが，以上の取引が期末日現在本店に未達である。

（4）　支店が現金1,000,000円を本店の当座預金口座へ振り込んだが，本店に未達である。

2　期末商品に関する事項

（1）　本店の商品倉庫における実地調査の結果，甲商品の実地棚卸高は18,984,000円（一般売価）であった。なお，本店では一定の原価率により甲商品を外部へ販売している。

（2）　支店の商品倉庫における実地調査の結果，甲商品の実地棚卸高は7,130,000円（振替価格）であり，乙商品の実地棚卸高は5,300,000円（外部仕入原価）であった。なお，支店では先入先出法により商品の評価を行っている。

（3）　本店の商品に減耗等は生じていない。

（4）　支店の商品有高帳に記載されている甲商品及び乙商品の帳簿棚卸高はそれぞれ7,590,000円，5,400,000円であった。

3 現金及び当座預金に関する事項（上記1に関するものを除く。）

 (1) 本 店
  ① A社より配当金領収証20,000円が送付されたが未処理である。
  ② 期末日前に得意先より掛代金240,000円を振り込む旨の電話連絡を受けたので，既に入金処理をしておいたが，期末日現在の残高証明書には入金の記載がなく，実際に入金されたのは2024年4月3日であった。
  ③ 光熱費（販売費管理費とする。）396,000円（税込金額）が引き落とされていたが未処理である。

 (2) 支 店
  ① 得意先より期中に受け取った小切手（現金として処理済）の中に，振出日が2024年4月10日となっているものが60,000円含まれていた。
  ② 掛代金支払いのために仕入先へ交付した小切手160,000円が，期末日現在引き落とされていない。

4 社債に関する事項

 (1) 当期5月末に社債額面総額3,000,000円を買入償還した。このとき，買入額面総額と支払額（端数利息含む。）との差額を社債償還益として処理したのみである。
 (2) この社債は2022年2月1日に額面総額15,000,000円を100円につき95円20銭で発行したものであり，償還期間8年，利率年2.4％，利払日は年2回（1月末及び7月末）である。
 (3) 社債に関する償却原価法の適用（定額法）及び約定利息の計算は月割りである。
 (4) 過年度において社債の償還は一切行われていない。

5 有価証券に関する事項

　期末日現在保有する有価証券の明細は以下のとおりである。Y社では短期売買目的で保有する有価証券については有価証券勘定により，それ以外の有価証券については投資有価証券勘定で処理している。

銘　柄	保有目的	取得原価	前期末時価	当期末時価
A社株式	売買目的	下記(2)参照	@5,000（1株当たり）	@5,800（1株当たり）
B社株式	その他	176,000	138,000	148,000
C社株式	その他	190,000	88,000	98,000
D社株式	その他	268,000	312,000	316,000

※ A社株式を除き，総額で示してある。

 (1) A社株式以外の銘柄については，取得日以後の増減はない。
 (2) A社株式は2022年12月に市場より1株5,200円で300株購入し，その後2023年5月に1株4,000円で200株追加購入した後，2023年10月に1株当たり5,400円で150株売却している。付替計算は移動平均法によるが，Y社では2022年12月に購入した際における取得単価に基づき運用損益を計上している。なお，A社株式の処理は切放法による。
 (3) その他有価証券については部分純資産直入法を採用している。なお，期首洗替処理を行っていなかった。

(4)　期末時価が取得原価の50％相当額を下回る銘柄については，減損処理を適用している。

6　固定資産に関する事項
(1)　期末日現在保有する固定資産の明細は以下のとおりである。なお，過年度の償却はすべて適正である。

種　類	取得年月	取得原価	期首帳簿価額	耐用年数	償却方法
建物（本店）	2012年4月	（各自推定）	（各自推定）	20年	定額法
建物（支店）	2015年4月	（各自推定）	（各自推定）	20年	定額法
備品（本店）	2018年4月	2,812,500	（各自推定）	10年	定額法
備品（支店）	2019年10月	2,160,000	（各自推定）	6年	定額法
車両（本店）	2022年8月	6,000,000	（各自推定）	5年※	定率法
車両（支店）	2022年4月	2,800,000	（各自推定）	4年※	定率法

　　※　定率法による償却率　4年：0.500　5年：0.400

(2)　本店の備品は当初定率法（10年：0.200）により償却を行っていたが，第20期事業年度より定額法による償却方法に変更した。なお，変更時点における残存耐用年数により償却している。
(3)　残存価額は以下のとおりである。
　　①　建物：取得原価の10％
　　②　備品・車両：ゼロ
(4)　減価償却費の計算は月割り（1ヵ月未満の端数切上げ）で行うこと。

7　税効果及び法人税等に関する事項
(1)　その他有価証券については税務上，原則として取得原価で評価されるため，税効果会計を適用する。ただし，減損処理については税務上，損金算入が認められるものとする。
(2)　販売費管理費には，法人税等の中間納付額3,960,000円及び消費税等の中間納付額1,900,000円が含まれている。

14

【資料3】 Y社の本支店合併損益計算書及び貸借対照表

1 損益計算書

借	方		貸	方	
科 目		金 額	科 目		金 額
期 首 商 品 棚 卸 高		1	売 上 高		12
当 期 商 品 仕 入 高		2	期 末 商 品 棚 卸 高		13
商 品 棚 卸 減 耗 損		3	有 価 証 券 運 用 益		14
販 売 費 管 理 費		4	投 資 有 価 証 券 評 価 益		15
建 物 減 価 償 却 費		5			
備 品 減 価 償 却 費		6			
車 両 減 価 償 却 費		7			
社 債 利 息		8			
支 払 利 息					
社 債 償 還 損		9			
法 人 税 等		10			
法 人 税 等 調 整 額		11			
当 期 純 利 益					
合 計			合 計		

2 貸借対照表

借	方		貸	方	
科 目		金 額	科 目		金 額
現 金		16	支 払 手 形		27
当 座 預 金		17	買 掛 金		28
受 取 手 形		18	未 払 法 人 税 等		29
売 掛 金		19	未 払 消 費 税 等		30
有 価 証 券		20	未 払 費 用		31
商 品		21	借 入 金		
建 物		22	社 債		32
備 品		23	繰 延 税 金 負 債		33
車 両		24	資 本 金		
土 地			資 本 準 備 金		
投 資 有 価 証 券		25	繰 越 利 益 剰 余 金		
繰 延 税 金 資 産		26	その他有価証券評価差額金		34
合 計			合 計		

15

出題者● **瑞　穂　会**

解答・解説⇨96ページ

〔第 一 問〕 －25点－

　当社は，製造業を営んでおり，原価計算制度を採用していないため，期末に当期製品原価を一括して計算している。工場における材料は，すべて工程の始点で投入されている。賃金勘定及び経費勘定は期末に加工費勘定へ振り替えているが，一部が未処理となっている。また，製品売上原価は仕掛品勘定を使用し算定している。なお，問題に記載されていないものについては考慮する必要はない。次の＜資料１＞～＜資料３＞に基づいて①～㉒に入る金額を答えなさい（会計期間2023年４月１日～2024年３月31日）。

＜資料１＞　決算整理前残高試算表

決算整理前残高試算表
2024年３月31日
（単位：千円）

借方科目	金 額	貸方科目	金 額
現 金 預 金	46,704	買 掛 金	800
受 取 手 形	各自計算	借 入 金	8,000
売 掛 金	各自計算	退職給付引当金	5,260
繰 越 材 料	836	賃 金	500
繰 越 仕 掛 品	各自計算	貸 倒 引 当 金	30
繰 越 製 品	630	建物減価償却累計額	8,800
仮 払 金	2,875	備品減価償却累計額	各自計算
建 物	24,000	資 本 金	各自計算
備 品	3,600	利 益 準 備 金	546
材 料 仕 入	7,084	繰越利益剰余金	22,600
給 料 ・ 賞 与	12,006	売 上	各自計算
支 払 家 賃	2,160		
支 払 利 息	320		
加 工 費	10,520		
	各自計算		各自計算

<資料２＞ 決算整理事項等

(1) 棚卸資産は次のとおりである。期末棚卸数量は棚卸計算法によって管理し，評価方法はすべて総平均法により行う。

	数　量
期　首　材　料	2,200kg
当期材料仕入	15,800kg
計	18,000kg
期　末　材　料	3,000kg

生産データ	実績値
期　首　仕　掛　品	500個　（40％）
当　期　投　入	各自計算
計	各自計算
期　末　仕　掛　品	600個　（80％）
異　常　減　損	50個
当　期　完　成　品	各自計算

　　　製品１個を製造するのに，材料５kg消費し，仕掛品の（　）内は加工進捗度を示している。当期では，異常減損（管理不能）が加工進捗度50％の地点で発生している。期首繰越仕掛品の内訳は材料費400千円，加工費1,471千円である。なお，期首製品は200個であり，期末製品は150個であった。製品の販売単価は20千円である。

(2) 受取手形及び売掛金の期末残高に２％の貸倒引当金を設定する（差額補充法）。売上債権の合計額は1,650千円である。当期に貸倒れはなかった。

(3) 固定資産の減価償却は次のとおり行う（残存価額はゼロとする）。

資　産	耐用年数	償却方法	備　　　考
建　　物	各自計算年	定額法	減価償却費のうち60％が製造に係るものであり，当期首から11年前に取得した。
備　　品	10年	200％定率法	減価償却費のうち50％が製造に係るものであり，前期首に取得した。

(4) 賞与は，毎年６月と12月の年２回支給している。支給対象期間は６月賞与が前年の12月から当年の５月，12月賞与が当年の６月から11月である。翌年の賞与支給見込額は６月が2,700千円，12月が3,000千円であり，このうち当期負担額を賞与引当金とする。賞与引当金繰入額のうち40％が製造に係るものである。前期に計上した賞与引当金は適正に処理されている。

(5) 当社は退職金制度として確定給付型の企業年金制度を採用している。退職給付債務の計算方法は原則法で、数理計算上の差異は発生年度の翌年から10年の定額法で償却している。決算整理前残高試算表の退職給付引当金は当期首残高であり、当期に支払った拠出掛金は仮払金勘定で処理している。

①	当期首退職給付債務	30,000千円
②	当期首年金資産の時価	25,000千円
③	当期勤務費用	1,750千円
④	当期掛金拠出	2,875千円
⑤	当期企業年金からの支給退職金	2,075千円
⑥	数理計算上の差異発生金額	
	2022年3月期（不利差異）	600千円
	2023年3月期	各自計算 千円

2023年3月期の差異は、年金資産の実際運用収益が期待運用収益を上回ったため発生したものである。なお、上記以外に数理計算上の差異はなかった。また、割引率は年1.0％、長期期待運用収益率は年2.0％である。退職給付費用のうち40％が製造に係るものである。

(6) 借入金は、すべて前期の6月1日に期間4年で借り入れたものである。利払日は毎年11月末と5月末の年2回（年利率 ㉒ ％）であり、元本は支払期日に一括して返済する。

(7) 営業用の店舗について賃貸借契約を締結しており、毎年8月1日に向こう1年分を支払っている。当期の支払日から前期に比べて毎月20千円値上げした年額を支払っている。

(8) 工場の従業員に係る未払賃金が500千円あり、加工費への振り替えは処理したが、見越し計上がされていなかった。

18

<資料3> 財務諸表

損　益　計　算　書

2023年4月1日～2024年3月31日　　　　（単位：千円）

費　　用	金　額	収　益	金　額
期首製品棚卸高	(　　　　　)	売　上　高	(　　⑨　　)
当期製品製造原価	(　①　)	期末製品棚卸高	(　⑩　)
給料・賞与	(　　　　　)		
支払家賃	(　②　)		
減価償却費	(　③　)		
賞与引当金繰入	(　④　)		
退職給付費用	(　⑤　)		
貸倒引当金繰入	(　　　　　)		
支払利息	(　⑥　)		
異常減損費	(　⑦　)		
当期純利益	(　⑧　)		
	(　　　　　)		(　　　　　)

貸　借　対　照　表

2024年3月31日　　　　（単位：千円）

資　産	金　額		負債及び純資産	金　額
現　金　預　金		46,704	買　掛　金	800
受　取　手　形	600		未　払　費　用	(　⑱　)
売　掛　金	(　⑪　)		賞　与　引　当　金	(　　　　　)
貸　倒　引　当　金	(△　　　)	(　⑫　)	借　入　金	8,000
材　　　料		(　⑬　)	退職給付引当金	(　⑲　)
仕　掛　品		(　⑭　)	資　本　金	(　⑳　)
製　　　品		(　　　　　)	利　益　準　備　金	546
前　払　費　用		(　⑮　)	繰越利益剰余金	(　㉑　)
建　　　物	24,000			
減価償却累計額	(△　　　)	(　⑯　)		
備　　　品	3,600			
減価償却累計額	(△　　　)	(　⑰　)		
		(　　　　　)		(　　　　　)

〔第 二 問〕 －25点－

問1 次の各問に対する金額を答えなさい。税効果会計は考慮外とし，決算日は毎年3月31日（年1回）とする。また，計算の過程で千円未満に端数が生じた場合は，計算の最後に四捨五入すること。例えば，資産除去債務（残高）の計算をするときは，割引後の将来キャッシュ・フローを算定した時点で四捨五入を行う。利息費用は，資産除去債務の期首残高に割引率を乗じて計算する。

X1年4月1日

当社は，機械装置600,000千円を取得して使用を開始し，代金は小切手を振り出して支払った。当該機械装置は，当社に使用後（取得してから5年後）除去する法的義務があり，除去に必要な除去費用の支出額は2,000千円と見積もられた。なお，割引率は年2％とする。

X2年3月31日

決算にあたり，機械装置に必要な決算整理仕訳を行う。当該機械装置の減価償却は残存価額ゼロ，耐用年数5年，定額法により処理する。また，4年後の除去に必要な除去費用の支出額は2,500千円と見積もられ，当初の見積額から増加した。なお，割引率は年2.5％とする。

X3年3月31日

決算にあたり，機械装置に必要な決算整理仕訳を行う。除去に必要な除去費用の支出額が1,950千円と見積もられ減少した。なお，加重平均した割引率を使い，当期末における資産除去債務の算定を行う。資産除去債務の減少額は帳簿価額と3年後の除去に必要な除去費用の支出額の割引現在から差し引いて計算する。当期から減価償却の計算は，機械装置の帳簿価額に残存耐用年数を除して算定すること。

X4年3月31日

決算にあたり，機械装置に必要な決算整理仕訳を行う。

X6年3月31日

決算にあたり，機械装置に必要な決算整理仕訳を行う。当該機械装置を除去し，除去費用1,970千円は小切手を振り出して支払った。

① X2年3月31日の利息費用を答えなさい。
② X2年3月31日時点の資産除去債務（増加後）を答えなさい。
③ X3年3月31日の減価償却費を答えなさい。
④ X3年3月31日の資産除去債務の減少額を答えなさい。
⑤ X4年3月31日の減価償却費を答えなさい。
⑥ X6年3月31日の履行差額を答えなさい。

問2　次の資料に基づき，解答用紙に示されている連結財務諸表へ表示される表示科目の金額を答えなさい。なお，P社及びS社の会計期間及び連結会計期間はX4年4月1日からX5年3月31日とする。税効果会計は考慮外とし，のれんは発生の翌年度から20年間にわたり毎期一定額の償却を行う。

【資　料】

(1)　P社はX4年3月31日に，S社の発行済議決権株式総数の70％（8,400株）を714,000千円で取得し，S社を連結子会社とした。X5年3月31日にS社は，第三者割当有償増資（発行株式数1,125株，発行価額は1株当たり104千円）を行い，このうちP社は525株を引き受けた。

(2)　S社の資本状況は，X4年3月31日において資本金500,000千円，資本剰余金240,000千円，利益剰余金180,000千円であり，X5年3月31日において資本金617,000千円，資本剰余金240,000千円，利益剰余金220,000千円であった。

(3)　S社の資産のうち，土地の時価が帳簿価額よりも40,000千円高かった。

(4)　S社における当期純利益 各自計算 千円，配当金は10,000千円であった。

(5)　P社のX5年3月31日の個別財務諸表のうち資本金は800,000千円，資本剰余金は300,000千円，利益剰余金は340,000千円であった。

問3　次の資料に基づき解答用紙に示されている決算整理後残高試算表の金額及び原価率を答えなさい。なお，商品売買の取引はすべて掛け取引をしている（会計期間X4年4月1日からX5年3月31日）。

【資　料】

(1)　決算整理前残高試算表

決算整理前残高試算表（一部）
X5年3月31日　　　　　　　　　（単位：千円）

売　　掛　　金	98,000	買　　掛　　金	80,100
クレジット売掛金	86,400	店 頭 販 売 売 上	700,000
繰　越　商　品	各自計算	通 信 販 売 売 上	各自計算
積　　送　　品	各自計算	積 送 品 売 上	各自計算
仕　　　　　入	961,200		
積　送　諸　掛	52,250		
支 払 手 数 料	43,200		

(2)　その他の事項

①　当社は，単一の商品を取り扱う小売業である。主に店頭販売が中心であったが，最近では需要が増加したため，インターネットを経由した通信販売も行っている。店頭販売による売上は店頭販売売上勘定，通信販売による売上は通信販売売上勘定で処理しており，信販会社を通じてのみ決済が行われるため，同社に手数料として販売代金の4％を支払い（売上時に手数料を計上する），後日，手取額が普通預金口座へ入金される。通信販売売上は，店頭販売売上の20％増しで販売している。支払手数料は，当該取引による手数料のみとする。問題

上，店頭販売と通信販売は一般販売として取り扱う。

② また，前期から委託販売も開始しており，積送時に仕入勘定から積送品勘定に振り替えている。売上原価は期末に一括して計上する。委託販売は，店頭販売売上の25%増しで販売している。また，積送諸掛には，受託者への販売手数料（販売代金の６％）が含まれており，残額は当社が受託先へ商品を積送する時に発生する引取費である（当期首に行うべき会計処理は適切に処理されている）。引取費の単価は，前期から同額である。

③ 店頭販売，通信販売，委託販売の原価率は毎期一定である。商品の仕入単価は，前期及び当期ともに同額である。

④ 期末商品棚卸高

　（イ）　手許商品　各自計算　千円

　（ロ）　積送品　100個

　　手許商品及び積送品に減耗と収益性の低下はなかった。

⑤ 期首手許商品棚卸数量と積送品数量はそれぞれ290個，150個であり，当期の商品仕入総数量　各自計算　個，積送品数量2,000個，店頭販売数量3,500個，通信販売数量4,500個であった。期末手許商品棚卸数量は300個である。

問4　当社は個人企業であり，帳簿決算は大陸式決算法を採用している。期中の取引については間接転記法による特殊仕訳帳制（仕訳帳として現金出納帳，仕入帳，売上帳，受取手形記入帳，支払手形記入帳，普通仕訳帳を用いている。）により記帳を行っている。次の資料に基づいて，①〜⑩に当てはまる金額を推定して＜解答欄＞に金額を記入しなさい。会計期間はＸ１年１月１日からＸ１年12月31日とする。また，元丁欄の記入については，転記不要のものだけ✓を記入しており，その他は省略している。Ｘ１年12月31日現在の売掛金期末残高は58,500円である。なお，元帳には開始残高のみ「開始残高」と記帳している。

Ｘ１年度		普　通　仕　訳　帳			1
月	日	摘　　　　　要	元丁	借方金額	貸方金額
1	1	諸　　　　　口　（　開　始　残　高　）			各自計算
		（　現　　　　　金　）		50,000	
		（　売　　掛　　金　）		①	
		（　繰　越　商　品　）		12,000	
		（　前　払　営　業　費　）		4,000	
		開　始　仕　訳			
		（　開　始　残　高　）　　　諸　　　　　口		各自計算	
		（　買　　掛　　金　）			44,000
		（　貸　倒　引　当　金　）			2,000
		（　資　　本　　金　）			②
		開　始　仕　訳			
	〃	（　営　　業　　費　）		4,000	
		（　前　払　営　業　費　）			4,000
		再　振　替　仕　訳			

月	日	摘要	✓	借方	貸方
8	2	（貸倒引当金）		③	
		（売　掛　金）			③
		前期に発生した売掛金の貸倒れ			
		合　計　仕　訳			
12	31	（現　　　金）諸　　口		165,000	
		（売　掛　金）			83,000
		（売　　　上）	✓		55,000
		（諸　　　口）	✓		27,000
		現 金 出 納 帳 よ り			
	〃	諸　　口（現　　　金）			77,000
		（買　掛　金）		33,000	
		（仕　　　入）	✓	各自計算	
		（諸　　　口）	✓	7,000	
		現 金 出 納 帳 よ り			
	〃	（仕　　　入）諸　　口		④	
		（現　　　金）	✓		⑤
		（買　掛　金）			各自計算
		（支　払　手　形）	✓		⑥
		仕 入 帳 よ り			
	〃	諸　　口（売　　　上）			258,000
		（現　　　金）	✓	55,000	
		（売　掛　金）		113,000	
		（受　取　手　形）	✓	90,000	
		売 上 帳 よ り			
	〃	（受　取　手　形）諸　　口		130,000	
		（売　　　上）	✓		90,000
		（売　掛　金）			40,000
		受取手形記入帳より			
	〃	諸　　口（支　払　手　形）			各自計算
		（仕　　　入）	✓	各自計算	
		（買　掛　金）		15,000	
		支払手形記入帳より			
		合　　　計		各自計算	⑦
		二 重 仕 訳 控 除 額		227,000	各自計算
		差　　　引		⑧	各自計算

	現 金	1			
1/1	開始残高	50,000	12/31	普通仕訳帳	77,000
12/31	普通仕訳帳	⑨			

	受 取 手 形	2			
12/31	普通仕訳帳	130,000			

	売 掛 金	3			
1/1	開始残高	各自計算	8/2	普通仕訳帳	1,500
12/31	普通仕訳帳	113,000	12/31	普通仕訳帳	83,000
			〃	普通仕訳帳	40,000

	繰 越 商 品	4			
1/1	開始残高	12,000			

	前 払 営 業 費	5			
1/1	開始残高	4,000	1/1	普通仕訳帳	4,000

	支 払 手 形	6			
			12/31	普通仕訳帳	各自計算

	買 掛 金	7			
12/31	普通仕訳帳	33,000	1/1	開始残高	44,000
〃	普通仕訳帳	15,000	12/31	普通仕訳帳	⑩

	貸 倒 引 当 金	8			
8/2	普通仕訳帳	各自計算	1/1	開始残高	2,000

	資 本 金	9			
			1/1	開始残高	各自計算

	売 上	10			
			12/31	普通仕訳帳	258,000

	受 取 手 数 料	11			
			9/30	現金出納帳	27,000

	仕 入	12			
12/31	普通仕訳帳	132,000			

	営 業 費	13			
1/1	普通仕訳帳	4,000			
10/5	現金出納帳	7,000			

〔第三問〕 —50点—

　甲株式会社（以下「甲社」という。）は，国内で商品の販売業を営み，また，商品の一部を海外に輸出している。甲社の当期（自2023年4月1日　至2024年3月31日）について，【資料1】2024年3月31日現在の決算整理前残高試算表と【資料2】修正及び決算整理事項等に基づいて【資料3】決算整理後残高試算表の(1)から⑸の金額を求めなさい。

（解答上の留意事項）

1　解答金額については，問題文の決算整理前残高試算表の金額欄の数値のように3桁ごとにカンマで区切り，マイナスとなる場合には，数値の前に「△」を付すこと。この方法で解答しない場合は正解としないので注意すること。

2　金額計算において，円未満の金額が生じた場合は，円未満を切り捨てること。なお，割引後将来キャッシュ・フローは算定時点で円未満切り捨て処理を行うこと。

3　【資料1】から【資料3】で金額の記載がない項目は各自計算すること。

（問題の前提条件）

1　消費税及び地方消費税（以下「消費税等」という。）については，（税込）と記載されている取引についてのみ税率10％で税額計算を行うこととし，仮払消費税等と仮受消費税等を相殺し，中間納付額を控除して未払消費税等を計上すること。

2　法人税，住民税及び事業税，法人税等調整額の合計額は，税引前当期純利益に法定実効税率30％を乗じて計算し，法人税等の金額は逆算で計算する。未払法人税等は，法人税等の中間納付額を控除して計算する。

3　税効果会計は，適用する旨が記載されている項目についてのみ適用し，記載のない項目は考慮する必要はない。税効果会計の適用にあたっては，回収可能性に問題はないものとする。

4　甲社で販売している商品には，国内向けに販売するA商品と国外向けに販売するB商品がある。売上高は，A商品による売上高を国内売上高，B商品による売上高は輸出売上高として表示している。棚卸資産の評価は，A商品は売価還元低価法（商品評価損を計上する方法），B商品は年間総平均法により行う。なお，棚卸減耗損と商品評価損は売上原価とは別に表示し，期首棚卸資産に係る収益性の低下については考慮する必要はない。

5　投資有価証券の期末評価は，金融商品に関する会計基準及び金融商品会計に関する実務指針等に基づき処理を行い，評価差額は全部純資産直入法により処理する。

6　民事再生法手続きが開始決定された債権については，破産更生債権等として会計処理する。

借　方　科　目	金　　額	貸　方　科　目	金　　額
現　　　　　　　　金	1,006,200	支　払　手　形	16,900,000
当　座　預　金	11,621,080	買　　掛　　金	22,030,000
外　貨　建　預　金	944,000	契　約　負　債	274,000
受　取　手　形	22,000,000	仮　受　消　費　税　等	4,361,600
売　　　掛　　　金	16,522,000	その他流動負債	1,126,284
外　貨　建　売　掛　金	4,130,000	貸　倒　引　当　金	1,844,276
売　買　目　的　有　価　証　券	516,000	車両減価償却累計額	400,000
繰　越　商　品	1,920,000	器具備品減価償却累計額	1,157,856
仮　　　払　　　金	1,100,000	社　　　　　　債	23,750,000
仮　払　消　費　税　等	3,200,640	退　職　給　付　引　当　金	31,000,000
建　　　　　　　　物	50,000,000	資　　本　　金	各自計算
機　　　　　　　　械	7,200,000	繰　越　利　益　剰　余　金	5,245,255
車　　　　　　　両	4,000,000	新　株　予　約　権	1,250,000
器　　具　　備　　品	2,260,000	国　内　売　上　高	54,520,000
土　　　　　　　地	30,000,000	輸　出　売　上　高	各自計算
投　資　有　価　証　券	2,346,500		
関　連　会　社　株　式	800,000		
繰　延　税　金　資　産	11,743,282		
長　期　貸　付　金	20,000,000		
商　品　仕　入　高	39,383,000		
人　　　件　　　費	7,000,500		
そ　の　他　営　業　費	800,500		
手　形　売　却　損	165,569		
為　替　差　損　益	5,000		
合　　　　計	各自計算	合　　　　計	各自計算

【資料２】　修正及び決算整理事項等

1　現金預金

（1）現　金

①　2024年３月29日に得意先から掛け代金の回収として振出日2024年４月５日の同社振出小切手200,000円を受け取り，下記のように会計処理を行ったため，適切な勘定科目へ振り替える。

　　（借）（　現　　金　）　　200,000　（貸）（　売　掛　金　）　　200,000

②　Ｅ社株式（保有目的は「7　有価証券」に記載）から，配当金領収証20,000円を受け取り，その他資本剰余金の処分による配当との連絡を受けたが未処理であった。なお，この配当に係る源泉所得税は考慮外とする。

③　支払期限到来済みのＣ社社債の利札62,100円が手許にあったが未記帳であった。

④　決算日の実査ならびに調査の結果は下記のとおりである。

通　　　　　貨	260,500円
他人振出小切手	546,000円
上記①の他人振出小切手	200,000円
Ｃ社支払期限到来済みの利札	62,100円
Ｅ社株式の配当金領収証	20,000円

(2)　当座預金

　　甲社は，ＡＡＡ銀行とＣＣＣ銀行にそれぞれ当座預金口座を開設している。

　　ＡＡＡ銀行

　　ＡＡＡ銀行の残高証明書を取り寄せたところ，銀行残高証明書の残高は7,992,710円であり，甲社のＡＡＡ銀行の当座預金残高は 各自計算 円であったため，不一致を調査したところ以下のことが判明した。

①　Ｂ商品の引取運賃の支払いとして16,500円（税込）の小切手を振り出して支払っていたが，誤って15,400円（税込）と記帳していた。

②　2月末に手形の割引を行ったが，Ｕ社の3月20日期日の手形600,000円が不渡りとなった。その買戻し金が当座預金から引き落とされたが未記帳であった。なお，Ｕ社は3月20日付で民事再生手続きの開始決定がなされた。

③　買掛金 各自計算 円の支払いのために小切手を振り出したが未渡しであった。

④　修繕費（その他営業費として処理）50,000円の支払いのために小切手を振り出したが小切手は金庫に保管されたままであった。

⑤　3月31日に販売したＡ商品の国内売上げの代金300,000円を当座預金に預け入れたが，銀行では翌日入金で処理されていた。この代金については，国内売上高として計上済みである。

⑥　買掛金98,000円の支払いのために振り出した小切手が，決算日現在未取付けになっていた。

　　ＣＣＣ銀行

　　ＣＣＣ銀行の残高証明書を取り寄せたところ，銀行残高証明書の残高は2,445,270円であり，甲社のＣＣＣ銀行の当座預金残高は 各自計算 円であったため，不一致の原因を調査したところ以下のことが判明した。

①　支払手形500,000円の決済がなされていた旨の連絡が銀行から甲社に未達であった。

②　水道光熱費（その他営業費）に対して振り出した小切手40,000円が未落込みであった。

(3)　外貨建預金

　　外貨建預金はすべて普通預金であり，3月31日の預金通帳残高は7,000ドルであった。当期末の直物為替相場は1ドル当たり138円のため，決算日の直物為替相場により円換算を行う。利息は考慮外とする。

2　受取手形

(1)　手形は国内取引により生じたものである。なお，割引手形は，割引時に受取手形勘定から直接控除する形式で会計処理を行っている。

(2)　Ｕ社の割引手形は800,000円あり，不渡りになった手形以外についてもすべて買い戻しており，

その代金は仮払金として処理している。この割引手形800,000円には，不渡りになった600,000円の割引手形も含んでいる。

3　売掛金

売掛金は，すべてA商品の販売から生じたものである。得意先に掛代金の残高確認をしたところ，3月販売分のA商品50個の返品22,000円（税込）が甲社で未処理であった（返品権付きの販売ではない）。

4　外貨建売掛金

(1)　B商品の輸出取引は，当期の2月から開始した。その内訳は下記のとおりである。

倉庫出荷日	検収完了日	外貨販売金額	出荷数量（個）	備　考
2月1日	2月10日	15,000ドル	500	※1
3月10日	3月20日	20,000ドル	660	※2
3月30日	4月10日	5,000ドル	170	※3

※1　3月15日に販売金額のうち5,000ドルの入金があり，適正に会計処理がなされている。

※2　販売金額の20,000ドルは2024年5月20日に入金される。

※3　3月30日に販売金額のうち2,000ドルが内金として入金され，適正に会計処理がなされている。

1ドル当たりの直物為替相場は，以下のとおりである。

日　　付	直物為替相場	日　　付	直物為替相場
2月1日	140円	3月15日	134円
2月10日	135円	3月20日	139円
3月10日	132円	3月30日	137円

(2)　甲社の売上の認識基準は，国内売上は出荷基準であり，輸出売上は検収基準による。検収日が到来したものは，すべて検収が完了している。

(3)　2024年2月10日の外貨販売金額のうち10,000ドルの決済日は2024年4月30日である。2024年3月1日に10,000ドルの為替予約（決済日は2024年4月30日）を締結したが，為替予約の会計処理は未処理であった。なお，為替予約は振当処理を行い，1ドル当たりの為替予約締結時の直物為替相場は134円，先物為替相場は141円であり，決算日の先物為替相場は146円であった。為替予約差額の配分は月割計算で行うものとする。

5　棚卸資産

(1)　繰越商品と商品仕入高の内訳は下記のとおりである。

	繰越商品		商品仕入高	
	数量（個）	金　　額	数量（個）	金　　額
A商品	8,000	※1　1,920,000円	148,000	35,520,000円
B商品	—	—	1,680	※2　3,863,000円

※1　A商品における期首商品棚卸高の売価金額は3,200,000円である。

※2　前記1(2)①のB商品の引取運賃は含まれていない。

(2)　A商品

① 当期の値付けの状況は以下のとおりである。

値入額	15,208,000円	値上額	9,000,000円	値上取消額	528,000円
値下額	4,150,000円	値下取消額	250,000円		

② 売価による帳簿棚卸高は 各自計算 円である。

③ 売価による実地棚卸高は3,880,000円である（上記3の返品分は含まれていない）。収益性の低下に伴う評価損は税効果会計を適用する。

④ 売価による帳簿棚卸高と売価による実地棚卸高の差額を分析したところ，当期に見本品として利用した商品が10,000円（売価）存在していたが未記帳となっていた。残額は棚卸減耗として処理する。見本品費は「その他営業費」で処理する。

(3)　B商品

① B商品の期末帳簿棚卸数量は 各自計算 個であり減耗はなかった。なお，期末帳簿棚卸数量は，当期における商品仕入高の数量と「4　外貨建売掛金(1)」に記載されている出荷数量を差し引いて計算すること。

6　仮払金

仮払金の内訳は，U社に対する割引手形の買戻し金が200,000円，消費税等の中間納付額が600,000円，法人税等の中間納付額が300,000円であり，適切に会計処理を行う。

7　有価証券

有価証券はすべて当期に取得したものであり，内訳は次のとおりである。

銘　柄	保有目的等	帳簿価額	期末時価
A社株式	売　買	各自計算 円	各自計算 円
B社株式	長　期	700,000円	775,000円
C社社債	満期保有	各自計算 円	800,000円
D社株式	影響力行使	800,000円	—
E社株式	長　期	550,000円	505,000円

(1)　A社株式は，200株を1株当たり20ドルで当期首に取得したものであり，決算時の時価は1株当たり22ドルである。当期首の直物為替相場は1ドル当たり129円であった。

(2)　C社社債は，2023年4月1日に額面金額9,000ドルを8,500ドルで取得したものであり，年利率5％，利払日毎年3月31日の年1回，満期日は2028年3月31日である。なお，額面金額と取得金額の差額は金利調整差額であり，償却原価法（定額法）を採用する。期中平均為替相場は1ドル当たり136円である。

(3)　D社の発行済株式数のうち25％を保有している。なお，決算時におけるD社の財政状態は次のとおりである。期末の実質価額が帳簿価額の50％相当額を下回る場合は減損処理を行う（税効果会計は考慮外とする）。

D社　　　　　　　　　　　貸 借 対 照 表　　　　　　　　　（単位：円）

科　　目	金　　額	科　　目	金　　額
諸　資　産	4,660,000	諸　　負　　債	3,300,000
		資　　本　　金	1,200,000
		利　益　剰　余　金	160,000
	4,660,000		4,660,000

(4)　B社株式及びE社株式は，税効果会計を適用する。

8　有形固定資産

(1)　有形固定資産の減価償却に関する事項は以下のとおりである。甲社は備品をAからCまで保有しており，すべて「器具備品」として処理している。特定の指示がないものは，過年度の会計処理は適正に行われたものとする。

保有資産	用途	取得価額	残存価額	耐用年数	減価償却方法	備　考
建　　物	店舗	50,000千円	ゼロ	25年	定額法	①参照
機　　械	店舗	7,200千円	ゼロ	8年	級数法	①参照
車　　両	営業用	4,000千円	取得価額の10%	5年	生産高比例法	②参照
備品Ａ	事務用	900千円	ゼロ	5年	200%定率法	③参照
備　品Ｂ	事務用	1,000千円	ゼロ	10年	200%定率法	④参照
備　品Ｃ	事務用	360千円	ゼロ	8年	定額法	⑤参照
土　　地	店舗	30,000千円	—	—	—	⑥参照

①　建物及び機械は当期首に取得したものである。

②　当該車両の当期走行距離は12,000kmであり，総走行可能距離は90,000kmである。

③　備品Aは前期首に取得したものである。

④　備品Bは取得してから当期首まで6年間使用しており，改定償却率0.25，保証率は0.06552である。当期首時点の減価償却累計額は737,856円である。

⑤　備品Cは，前期首に取得したものである。前期に耐用年数を誤って6年としていたため減価償却費を過大に計上していたことが判明したが，この誤謬に関する当期の会計処理が未処理であった。

⑥　土地のうち7,200,000円について，収益性の低下により減損損失を計上する。正味売却価額は6,600,000円であり，売却による処分費用は150,000円である。使用価値については以下のように計算する。この土地は，5年間使用したのち処分の予定である。5年間の割引前将来キャッシュ・フローは毎期800,000円と見積もられ，5年後は売却による割引前将来キャッシュ・フローがさらに3,000,000円増加すると見積もられた。なお，割引率は年2%とし，税効果会計を適用する。

9　退職給付

退職給付につき，甲社からの直接給付と企業年金制度を併用している。退職給付に関する事項は次のとおりであり，当期の退職給付費用が未計上であった。退職給付引当金は税効果会計を適用し，【資料1】の「繰延税金資産」は前期末の退職給付引当金に係るものが含まれている。また，退職給付費用は「人件費」勘定で処理する。

(イ) 期首の退職給付債務は72,500,000円，年金資産は33,000,000円，未認識過去勤務費用は 各自計算 円である。

(ロ) 当期の勤務費用は2,460,000円，割引率は3％，長期期待運用収益率は2％である。

(ハ) 退職一時金1,000,000円と年金基金への拠出額3,000,000円の支払いは適正に処理されている。

(ニ) 退職給付規程の改定により，前期から給付水準が引き上げられた。これにより過去勤務費用5,000,000円が発生した。過去勤務費用は，前期から平均残存勤務期間 各自計算 年の定額法で償却している。また，数理計算上の差異は前期・当期ともになかった。

10 貸倒引当金

貸倒引当金は，以下のように設定する。なお，貸倒引当金（全額）は税効果会計を適用する。【資料1】の「繰延税金資産」は前期末の貸倒引当金に係るものが含まれている。

(1) 一般債権（売上債権）……債権残高×貸倒実績率1％

(2) 貸倒懸念債権

前期首に得意先へ長期貸付金20,000,000円，貸付期間3年，約定利子率年4％（年1回期末払い）で貸し付けた。前期末の利払い後に債務者の申し出により，約定利子率を免除することで合意した。当該債権は，前期末からキャッシュ・フロー見積法により評価している。貸倒引当金の減少額は「貸倒引当金戻入」勘定で処理する。

(3) 破産更生債権等

U社は不渡手形以外に売掛金が500,000円あり，実質的な経営破綻に陥り再建の見通しがない状態のため，破産更生債権等へ振り替える。また，U社より担保として400,000円の土地の提供を受けているため，財務内容評価法により評価する。

11 賞与引当金

甲社の賞与支給対象期間は毎年6月から11月と12月から5月であり，支給月は12月と6月である。2024年6月に総額で3,240,000円の賞与を支給する見込みである。この金額のうち当期負担分を賞与引当金として計上する。また，当該賞与引当金に対する法定福利費の会社負担額は15％で計算し，未払費用として計上する。賞与引当金繰入額と法定福利費は「人件費」勘定で処理する。前期末に計上した賞与引当金と法定福利費の会計処理（税効果会計を除く）は適正に行われている。源泉所得税等は考慮外とする。

賞与引当金及び法定福利費の未払費用計上額に対して税効果会計を適用する。なお，【資料1】の「繰延税金資産」は前期末の賞与引当金及び法定福利費に係るものが含まれている。

12 転換社債

甲社は当期首に，転換社債型新株予約権付社債を発行した。額面総額25,000,000円，払込金額は，額面100円のうち95円を社債の対価とし，5円を新株予約権として区分法により処理を行っており，償還期間は5年である。額面と発行金額の差額は金利の調整として認められ償却原価法（定額法）により処理をする。なお，2024年3月31日に額面金額15,000,000円が権利行使され株式を発行したが未処理であった。なお，クーポン利息は付さないものとする。

瑞穂会問題

13　ストック・オプション

　　2023年6月26日の株主総会において，従業員のうち60名に対して，ストック・オプションの付与が決議され，同年7月1日に付与した。ストック・オプションの数は従業員1人につき1個（計60個）であり，権利行使1個につき1株与えられる。権利行使価格は1株当たり8,000円，権利確定日は2025年6月30日である。また，付与時点の公正な評価単価は4,000円であり，当期末の退職による累計失効見込は6名である。株式報酬費用は「人件費」勘定として処理する。

【資料3】　決算整理後残高試算表

借　方　科　目	金　　額	貸　方　科　目	金　　額
現　　　　　　　　金	(1)	支　払　手　形	各自計算
当　座　預　金	(2)	買　　掛　　金	(24)
外　貨　建　預　金	(3)	契　約　負　債	274,000
受　　取　　手　　形	各自計算	賞　与　引　当　金	(25)
売　　　掛　　　金	(4)	未　　払　　金	(26)
外　貨　建　売　掛　金	(5)	未　払　費　用	(27)
売　買　目　的　有　価　証　券	(6)	前　受　収　益	(28)
繰　越　商　品	(7)	未　払　法　人　税　等	(29)
建　　　　　　　物	50,000,000	未　払　消　費　税　等	(30)
機　　　　　　　械	7,200,000	その他流動負債	1,126,284
車　　　　　　　両	4,000,000	貸　倒　引　当　金	(31)
器　　具　　備　　品	2,260,000	建物減価償却累計額	(32)
土　　　　　　　地	(8)	機械減価償却累計額	(33)
投　資　有　価　証　券	(9)	車両減価償却累計額	(34)
関　連　会　社　株　式	(10)	器具備品減価償却累計額	(35)
破　産　更　生　債　権　等	(11)	社　　　　　　　債	(36)
繰　延　税　金　資　産	(12)	退　職　給　付　引　当　金	(37)
長　期　貸　付　金	20,000,000	繰　延　税　金　負　債	(38)
商　品　仕　入　高	(13)	資　　本　　金	(39)
棚　卸　減　耗　損	(14)	繰　越　利　益　剰　余　金	(40)
商　品　評　価　損	(15)	その他有価証券評価差額金	(41)
人　　件　　費	(16)	新　株　予　約　権	(42)
減　価　償　却　費	(17)	国　内　売　上　高	(43)
貸　倒　引　当　金　繰　入	(18)	輸　出　売　上　高	(44)
その他営業費	(19)	有　価　証　券　利　息	(45)
社　債　利　息	(20)	有　価　証　券　評　価　損　益	(46)
手　形　売　却　損	165,569	為　替　差　損　益	(47)
関　係　会　社　株　式　評　価　損	(21)	貸　倒　引　当　金　戻　入	(48)
減　損　損　失	(22)	雑　　　　　　　益	(49)
法人税，住民税及び事業税	(23)	法　人　税　等　調　整　額	(50)
合　　　計	248,445,915	合　　　計	248,445,915

〔第 一 問〕 −25点−

問1 (15点)

　当社は，高松に本店，東京に支店をおいて商品販売を営んでおり，支店独立会計制度を採用している。当社の当期（自×23年4月1日　至×24年3月31日）に関する下記の資料に基づいて，次の(1)～(3)の設問に答えなさい。

(1)　合併整理において相殺消去されるべき支店勘定の金額及び本店へ売上勘定の金額を答えなさい。

(2)　本店における支店勘定の次期繰越高を答えなさい。

(3)【資料4】及び【資料5】の空欄①～⑫に該当する勘定科目又は金額を答えなさい。

【資料1】　決算整理前残高試算表

残 高 試 算 表
×24年3月31日
(単位：千円)

勘 定 科 目	本 店	支 店	勘 定 科 目	本 店	支 店
現 金 預 金	15,565	6,430	買 掛 金	10,680	28,970
売 掛 金	26,400	28,000	借 入 金	17,500	9,300
繰 越 商 品	16,600	25,000	貸 倒 引 当 金	500	420
建 物	35,000	15,000	繰 延 内 部 利 益	(　　)	—
備 品	2,500	7,000	建物減価償却累計額	18,500	11,800
支 店	(　　)	—	備品減価償却累計額	1,420	2,800
仕 入	48,000	96,400	本 店	—	(　　)
支 店 よ り 仕 入	15,625	—	資 本 金	30,000	—
営 業 費	17,300	18,600	利 益 準 備 金	3,700	—
支 払 利 息	600	375	繰 越 利 益 剰 余 金	1,310	—
			売 上	100,700	117,800
			本 店 へ 売 上	—	(　　)
合 計	(　　)	196,805	合 計	(　　)	196,805

【資料2】　本支店間取引に関する事項

1　支店は外部から仕入れた商品の一部を毎期原価率80%として本店に送付している。

2　未達取引

(1)　支店から本店に現金200千円を送金したが，本店に未達である。

(2)　本店の売掛金（　　　　）千円を支店が回収したが，本店に未達である。

(3)　本店は支店から仕入れた商品950千円（振替価額）を支店の仕入先に直接返品したが，支店にはその通知が未達である（掛と相殺する）。

(4) 支店から本店に商品1,875千円（振替価額）を送付したが，本店に未達である。

(5) 本店は期中において支店の営業費450千円を支払い，本支店ともに処理済みであったが，540千円の間違いであることが分かった。本店では既に修正済みであるが，支店にはその通知が未達である。

【資料3】 決算整理及び修正に関する事項

1 期末商品棚卸高（未達分を除く）

    本　店　　　　15,200千円（うち支店からの仕入分5,600千円）

    支　店　　　　30,070千円

なお，本店の期首棚卸高のうち，7,800千円は外部からの仕入分である。

2 売掛金の期末残高（すべて一般債権）に対して貸倒実績率2％の貸倒引当金を差額補充法により設定する。

3 当社の減価償却の方法は次のとおりである。

    建　物　　定額法　耐用年数30年　残存価額は取得原価の10％

    備　品　　定額法　耐用年数5年　残存価額は0円

本店は×23年12月15日に備品の一部（取得原価800千円，×22年4月1日に取得）を400千円で売却し，売却代金を備品勘定から控除している。なお，当社は減価償却費を月割計算している。

4 営業費の未払分　本店30千円　支店20千円

【資料4】 支店における損益勘定及び本店における総合損益勘定

損　　　　　益　　　　　　　　（単位：千円）

仕　　　　　　入	（　　①　　）	売　　　　　　上	（　　　　　）
営　業　費	（　　②　　）	本 店 へ 売 上	（　　　　　）
貸 倒 引 当 金 繰 入	（　　　　　）		
減 価 償 却 費	（　　　　　）		
支　払　利　息	（　　　　　）		
（　　　③　　）	（　　　　　）		
	（　　　　　）		（　　　　　）

総　合　損　益　　　　　　　　（単位：千円）

繰 延 内 部 利 益 控 除	（　　④　　）	損　　　　　　益	（　　⑥　　）
繰 越 利 益 剰 余 金	（　　　　　）	（　　　⑤　　　）	（　　⑦　　）
		繰 延 内 部 利 益 戻 入	（　　　　　）
	（　　　　　）		（　　　　　）

【資料5】 本支店合併損益計算書

損 益 計 算 書

自×23年4月1日 至×24年3月31日 （単位：千円）

期首商品棚卸高	(⑧)	売 上 高	( )
当期商品仕入高	(⑨)	期末商品棚卸高	(⑫)
営 業 費	( )		
貸倒引当金繰入	( )		
減 価 償 却 費	(⑩)		
支 払 利 息	( )		
特 別 損 失	(⑪)		
当 期 純 利 益	( )		
	( )		( )

問2 （10点）

下記の資料に基づいて，当期の損益計算書及び当期末の貸借対照表を作成した場合における，次の ① ～ ④ の金額を答えなさい。

(1) X社の投資有価証券売却損益： ① 千円

(2) X社のその他有価証券評価差額金： ② 千円

(3) Y社のその他資本剰余金： ③ 千円

(4) Y社の株主資本： ④ 千円

【資 料】

1 当期首（X社とY社の決算日はともに年1回3月末）

X社はY社株式500株を保有（その他有価証券に分類）

取得原価：1株当たり180,000円（単価計算：移動平均法）

2 期中取引等

(1) Y社の純資産に関する勘定残高（当期5月開催の定時株主総会に係る会計処理後）

資本金：1,000,000千円，資本準備金：500,000千円，利益準備金：100,000千円，

繰越利益剰余金：80,000千円，自己株式（200株）：34,400千円（単価計算：移動平均法），

新株予約権（40個）：6,000千円

(2) Y社は，当期7月に1株を1.6株とする株式分割を行った。

(3) X社は，当期11月に上記株式分割により取得したY社株式を1株当たり116,000円で売却した。

(4) Y社は，当期12月にY社株式100株を1株当たり118,000円で購入した。

(5) Y社は，当期2月に新株予約権10個の権利行使を受け，保有するY社株式を処分した。

行使された新株予約権の内容

新株予約権1個につき30株割当て

　　　　　権利行使価格（調整後）は1株当たり114,000円
　(6)　X社は，当期3月にY社株式100株を1株当たり120,000円で購入した。

3　当期末
　　Y社の損益計算書に計上された当期純利益：100,000千円
　　Y社株式の時価：1株当たり122,000円
　　X社における，その他有価証券の評価方法
　　　全部純資産直入法，実効税率30%として税効果会計を適用

4　Y社株式はすべて普通株式であり，資料以外の事項を考慮する必要はない。

〔第 二 問〕 −25点−

問1 （6点）

　下記の資料に基づいて，付与日におけるストック・オプションの公正な評価単価及びX2年度における株式報酬費用を答えなさい。

【資　料】

1　X1年8月1日に従業員60名に対し1名当たり50個のストック・オプションを付与した。このストック・オプションの行使条件等は以下のとおりであった。
- ・ストック・オプション1個の行使により当社株式1株が交付される。
- ・権利行使時の払込金額：1株当たり70,000円
- ・権利確定日：X3年7月31日
- ・権利行使期間：X3年8月1日〜X5年3月31日
- ・付与されたストック・オプションは他者に譲渡できないものとされている。
- ・付与日におけるストック・オプションの公正な評価単価：1個当たり（　　　　　）円
- ・付与日における権利確定前の退職による失効見込み：2名（X2年度末まで変更はない。）

2　X2年8月1日に上記ストック・オプションに係る条件を次のとおり変更している。
- ・権利行使時の払込金額：1株当たり50,000円
- ・権利確定日：X4年7月31日
- ・権利行使期間：X4年8月1日〜X6年3月31日
- ・ストック・オプションの公正な評価単価（条件変更日における条件変更後）：1個当たり7,800円

3　X2年3月末における新株予約権の残高は7,250千円である。

問2 （6点）

　下記の資料に基づいて，以下に示す各ケースにおける①〜③の金額を答えなさい。なお，計算結果に端数が生じる場合，千円未満を四捨五入すること。

（ケース1）

　顧客である甲社に対して，製品A，製品B，製品C，製品Dおよび製品Eを各1台ずつ，合計2,400千円の対価で販売する契約を締結し，各製品について異なる時点で履行義務を充足した。

　この契約における，製品Aに配分される値引額は ① 千円，製品Eに配分される取引価格は ② 千円である。

（ケース2）

　顧客である乙社に対して，製品D，製品Eおよび製品Fを各1台ずつ，合計2,000千円の対価で販売する契約を締結し，各製品について異なる時点で履行義務を充足した。

　この契約における，製品Eに配分される取引価格は ③ 千円である。

1　当社では，以下の6種類の製品を，通常は独立して販売している。設定している各製品の独立販売価格は，以下のとおりである。

(単位：千円/台)

製品A	製品B	製品C	製品D	製品E	製品F
280	320	800	1,000	600	下記4参照

2　製品Aおよび製品Bを，1台ずつ組み合わせて販売する場合には，独立販売価格の合計額から200千円を差し引いた金額で販売している。

3　製品C，製品Dおよび製品Eの中から2種類を，1台ずつ組み合わせて販売する場合には，独立販売価格の合計額から200千円を差し引いた金額で販売している。また3種類を，1台ずつ組み合わせて販売する場合には，独立販売価格の合計額から400千円を差し引いた金額で販売している。

4　製品Fの独立販売価格は，大きく変動し，さまざまな顧客に向けて300千円/台～800千円/台の価格帯で販売している。

5　当社では，独立販売価格の見積りにあたり「収益認識に関する会計基準の適用指針」に示されている残余アプローチが使用できる場合には，当該方法によっている。

問3（5点）

C社の下記の資料に基づいて，次の各ケースに示した組み合わせの数値を資料中の（A）（B）に当てはめ，各ケースの機械装置と資産除去債務のX4年3月末における残高の合計額を答えなさい。

なお，計算にあたり千円未満の端数は四捨五入すること。

	（A）	（B）
ケース①	2,500	1.5
ケース②	1,900	2.5

【資　料】

1　X1年4月1日に次の機械装置を取得し，使用を開始している。

　　取得価額：10,000千円

　　耐用年数：4年

　　残存価額：ゼロ

　　減価償却方法：定額法

　　使用後に除去する法的義務を負っている。

2　資産除去債務について

⑴　資産除去債務は取得時にのみ発生し，取得後の増減は見積りの変更によるものである。

⑵　X1年4月1日における4年後の除去費用見積額：2,165千円

⑶　X4年3月31日における1年後の除去費用見積額：（A）千円

⑷　割引率（年率）は以下による。

X1年4月1日	X2年3月31日	X3年3月31日	X4年3月31日
2.0%	2.0%	2.0%	（B）

3　X3年3月末における機械装置の残高は6,000千円，資産除去債務の残高は2,081千円である。

問4 （8点）

　下記の資料に基づき，資料中の空欄①～③に該当する金額を答えるとともに，資料中の下線部を「B社を吸収合併した。この際，A社の親会社である甲社とB社の親会社である乙社はA社を共同支配する契約を締結し，当該吸収合併は共同支配企業の形成と判定された。」と読み替えた場合における，A社のX1年4月1日の貸借対照表（合併直後）の純資産額を計算しなさい。なお，会計期間は1年，決算日は3月31日，税効果は考慮不要とする。

【資　料】

　1　A社とB社のX1年3月31日における個別貸借対照表は次に示すとおりである。なお，A社の諸資産には，B社に対してX0年12月1日に貸し付けた3,000千円（利率年2％，年1回11月末に利息後払い）が含まれている。

貸 借 対 照 表
X1年3月31日
(単位：千円)

科　　目	A社	B社	科　　目	A社	B社
諸　　資　　産	400,000	①	諸　　負　　債	230,000	140,000
			資　　本　　金	100,000	
			資　本　剰　余　金	15,000	10,000
			利　益　剰　余　金	53,000	23,000
			その他有価証券評価差額金	2,000	1,000
	400,000			400,000	

　2　A社はX1年4月1日を期日としてB社を吸収合併した（取得企業はA社）。
　⑴　A社はB社株主へ新株5,000株を交付した。
　⑵　A社株式の時価は1株あたり18千円であった。
　⑶　A社とB社の諸資産の時価は，それぞれ25,000千円と13,000千円だけ帳簿価額を上回っていた（諸資産の帳簿価額には時価で計上されている資産の価額とこれに対応する評価・換算差額等の額が含まれる）。
　⑷　諸負債の時価は両社とも帳簿価額と一致していた。
　3　A社の貸借対照表（合併直後）

貸 借 対 照 表
A社　　　　　　　　　　　X1年4月1日　　　　　　　(単位：千円)

科　　目	金　額	科　　目	金　額
諸　　資　　産	618,980	諸　　負　　債	③
の　　れ　　ん	②	資　　本　　金	
		資　本　剰　余　金	75,000
		利　益　剰　余　金	53,000
		その他有価証券評価差額金	2,000

39

〔第 三 問〕 −50点−

　東京商事株式会社（以下「当社」という。）は，国内の仕入先からＡ商品とＢ商品を仕入れ，Ａ商品は国内で販売し，Ｂ商品は海外へ輸出している。

　以下，当社の第30期事業年度（自Ｘ４年４月１日　至Ｘ５年３月31日，以下「当期」という。）に係る資料に基づき，【資料Ⅳ】決算整理後残高試算表を作成し，番号１～30までに該当する金額を答えなさい。

（留意事項）

1　消費税及び地方消費税（以下「消費税等」という。）の会計処理は税抜方式を採用している。資料中，（税込み）とある金額には消費税等10％が含まれており，それ以外は消費税等を考慮しないものとする。なお，輸出取引には消費税等が一切課税されていない。

2　税効果会計は，適用する旨の記述のない項目には適用しない。また，その適用にあたっては，実効税率を30％とする。税務上の処理との差額は一時差異に該当し，繰延税金資産の回収可能性に問題はないものとする。なお，繰延税金資産と繰延税金負債は相殺せずに解答すること。

3　日数計算・期間計算は月割計算で行うこと（１ヵ月未満は切り上げて１ヵ月とする。）。

4　計算の途中で円未満の端数が出た場合，その都度四捨五入すること。

5　直物為替相場

　Ｘ４年３月31日　１ドル＝120円

　Ｘ５年３月31日　１ドル＝130円

6　期中平均相場

　前期　１ドル＝118円

　当期　１ドル＝127円

【資料Ⅰ】 X5年2月28日現在の残高試算表

(単位：円)

借	方	貸	方
科　目	金　額	科　目	金　額
現　金　預　金	65,273,112	支　払　手　形	49,031,000
受　取　手　形	60,283,000	買　掛　金	41,726,100
売　掛　金	50,587,000	短　期　借　入　金	23,975,000
繰　越　A　商　品	73,500,000	仮　受　消　費　税　等	52,256,000
繰　越　B　商　品	18,500,000	貸　倒　引　当　金	540,000
仮　払　消　費　税　等	52,441,600	退　職　給　付　引　当　金	15,020,000
仮　払　法　人　税　等	4,000,000	長　期　借　入　金	50,000,000
建　　物	50,232,000	資　本　金	83,140,000
建　物　附　属　設　備	2,856,000	繰　越　利　益　剰　余　金	16,823,700
投　資　有　価　証　券	19,331,000	新　株　予　約　権	2,000,000
繰　延　税　金　資　産	4,380,000	A　商　品　売　上	528,200,000
A　商　品　仕　入	364,980,000	B　商　品　売　上	131,450,000
B　商　品　仕　入	95,340,000	受　取　利　息	301,000
販　売　費　管　理　費	125,477,488	為　替　差　益	468,800
退　職　給　付　費　用	4,220,000		
支　払　利　息	3,146,400		
為　替　差　損	384,000		
合　　計	994,931,600	合　　計	994,931,600

【資料Ⅱ】 X5年3月中の取引
(注) 以下の取引1～5には，当社が期中取引として実際に記帳した金額が示されている。

1 商品売買
(1) A商品の掛仕入22,704,000円（税込み），手形仕入10,318,000円（税込み），当座仕入4,796,000円（税込み），B商品の掛仕入9,526,000円（税込み）。
(2) A商品の掛売上31,548,000円（税込み），手形売上15,774,000円（税込み），当座売上5,258,000円（税込み），B商品の出庫高11,950,000円。B商品の収益認識は「船積基準」（商品を船に積み終わった時に売上に計上する。）によっている。ただし期中では，便宜上，出庫基準（倉庫を出庫したときに掛売上に計上しておく。）により売上計上を行っている。
(3) A商品の掛仕入戻し1,408,000円（税込み）。

2 債権・債務
(1) 買掛金の支払額の内訳は，約束手形振出12,740,000円，手形裏書譲渡2,142,000円（当期取得の約束手形であり，保証債務の時価は17,000円），小切手振出15,539,000円。
(2) 売掛金の回収等の内訳は，前期売上分の貸倒れ462,000円（税込み），手形受取り23,223,000円，当座振込16,400,000円。
(3) 手形の満期到来分の内訳は，当座引出21,589,000円，当座入金37,138,000円。

3　販売費管理費の支払額の内訳は，小切手振出6,260,000円，当座引落6,160,000円（税込み）。

4　建物改良費用の内金として1,260,000円を小切手振出により支払った。

5　現金3,840,000円を当座預金に預け入れた。

【資料Ⅲ】　決算整理事項等
1　A商品について
　　A商品の評価には売価還元法を採用している。
（1）　A商品の売価について
　①　期首商品実地棚卸高　98,000,000円
　②　原始値入額　127,790,000円
　③　値上額　28,860,000円
　④　値下額　30,100,000円
　⑤　値上取消額　6,730,000円
　⑥　値下取消額　4,600,000円
　⑦　期末商品実地棚卸高　44,000,000円
（2）　減耗には原価性があるが，売上原価には算入しない。
（3）　期末A商品の収益性低下評価損の計算においては，売価還元低価法を採用する。
（4）　A商品の売上に値引・戻りはなかった。

2　B商品について
（1）　倉庫から出庫したB商品のうち期末までに船積みされていない商品については，船積基準
　　にしたがって適正な修正処理を行う。
（2）　B商品の当期末における倉庫棚卸高　16,660,000円
（3）　倉庫から出庫はしたが期末までに船積みされないで通関業者の倉庫に在ったB商品は，前
　　期末が7,800,000円（売価），当期末が7,200,000円（売価）である。なお，前期末に行った出
　　庫基準から船積基準への修正に係る再振替仕訳をまだ行っていない。
（4）　B商品の売価は，原価率が　　？　　％（前期も当期も同率）となるように設定している。
（5）　試算表の繰越B商品には，前期末の倉庫棚卸高及び前期末の未船積品棚卸高が含まれてい
　　る。
（6）　期末B商品に減耗及び評価損は生じていない。

3　銀行勘定の調整について
　　当社の取引銀行は複数あるが，いずれの銀行とも当座借越契約を締結している。当社の取引
　銀行のうち甲銀行の当座預金について作成された銀行勘定調整表は次のとおりである。これに
　基づいて，必要な修正を行うこととする。

（甲銀行）	銀 行 勘 定 調 整 表		（単位：円）
	X 5 年 3 月31日		
残高証明書残高			288,000
加算： 　販売費管理費の引落が未記帳	418,000	※	
売掛金振込額を誤記入	90,000		
手形代金の期日引落が未通知	462,000		
時間外預け入れ（銀行は翌日扱い）	336,000		1,306,000
減算： 　当社振出小切手，仕入先へ未交付	567,000		
当社振出小切手，仕入先が未取立	674,000		△1,241,000
当座預金出納帳残高			353,000

※　（税込み）である。

4　保証債務及び引当金について

(1)　当期に取得した額面3,714,000円の約束手形を買掛金決済のため，当期中（2月まで）に裏書譲渡しているが，保証債務（額面金額の0.8％）の計上が未処理となっている。なお，3月裏書分も含め，手形期日は翌期となっている。

(2)　貸倒引当金

　　　当社では，期末における売上債権（受取手形及び売掛金）を「一般債権」，「貸倒懸念債権」及び「破産更生債権等」に区分して貸倒引当金を設定することとしている。

　　　一般債権の期末残高に対し，過去の貸倒実績率に基づき0.8％の貸倒れを見積もる。

　　　貸倒懸念債権は，債権残高から担保処分見込額を控除した残額の50％相当額の貸倒れを見積もる。

　　　破産更生債権等は債権残高から担保処分見込額を控除した残額相当額の貸倒れを見積もる。

①　得意先R社は当期中に手形交換所の取引停止処分を受けた。R社に対する当社の債権は受取手形が1,220,000円と売掛金が970,000円であり，同社からは担保1,590,000円（処分見込額）を預かっている。

②　貸倒引当金に対して税効果会計を適用する。税務上の貸倒引当金設定限度超過額は，前期末が100,000円，当期末が300,000円である。

(3)　退職給付引当金

①　当社では従来，退職給付に関する会計基準を採用している。当期末において以下のとおり差異が発生しているので必要な処理を行う。なお，数理計算上の差異は発生時より5年の定額法で費用処理することとしている。

	退職給付債務	年金資産
見込額	55,400,000円	40,380,000円
実際額	54,600,000円	40,180,000円

②　退職給付引当金の期末残高に対して税効果会計を適用する。なお，前期末の退職給付引当金は14,500,000円である。

5　受け取った請求書について

　　期末日以降に受け取った請求書を集計すると以下のとおりであり，未払金に計上する。

請求内容	金額
建物の改良費用の残額の請求（注1）	2,520,000円
株式購入代金（注2）	972,000円
その他の費用（販売費管理費）	750,000円

　（注1）　建物改良費用の請求書の内容
　　　　　建物の内装等を改良するために要した費用であり，内訳は以下のとおりとなっている。

内装改良代金	3,360,000円
附属設備除却費用	840,000円
値引額	△　420,000円
合　計	3,780,000円
内金入金	△1,260,000円
差引請求額	2,520,000円

　　　　　　値引額は内装改良代金と附属設備除却費用に値引前の金額で按分し，値引額按分後の内装改良代金を建物附属設備の取得価額とし，値引額按分後の附属設備除却費用は，既存の附属設備の固定資産除却損に含めて処理する。

　（注2）　株式購入に関する内容は以下のとおりである。

約定日：	X5年3月30日
購入代金の支払日：	X5年4月2日
銘　柄：	D株式
購入株式数：	400株
1株当たり購入代金：	2,400円
購入手数料：	12,000円

6　有形固定資産について

　(1)　有形固定資産の残高の内訳は以下のとおりである。

勘定科目	用途	事業供用月	取得価額	帳簿価額	耐用年数
建　　　　物	事務所	X2年4月	54,600,000円	50,232,000円	25年
建物附属設備	事務所	X2年10月	3,360,000円	2,856,000円	10年

　(2)　建物改良工事による新規の建物附属設備の耐用年数は10年とする。

　　　なお，この工事に伴い，既存の建物附属設備の30％を2月中に除却している。

　(3)　減価償却

　　　減価償却の方法は，定額法によるものとし，残存価額は0円とする。

　　　なお，建物附属設備の除却した部分については当期2月まで，新規取得した部分については当期3月より減価償却計算を行う。

7　投資有価証券について

　　残高試算表の投資有価証券の内訳は以下のとおりである。なお，その他有価証券には全部純

資産直入法（税効果会計を適用）を採用している。

銘柄名	取得価額	取得時の直物為替相場	前期末時価	当期末時価	保有目的
A株式	1,694,000円	—	794,000円	864,000円	その他有価証券
B株式	27,500ドル	126円	—	—	その他有価証券
C株式	2,496,000円	—	2,556,000円	2,396,000円	その他有価証券
D株式	960,000円	—	1,000,000円	1,040,000円	その他有価証券
E社債	96,000ドル	115円	97,000ドル	98,000ドル	満期保有目的

⑴ A株式は前期に時価の下落が著しく減損処理を行っている。

⑵ D株式960,000円の株式数は400株であり，1株当たりの時価は前期末が2,500円，当期末が2,600円である。

⑶ E社債はX3年4月1日に取得し，償還日はX8年3月31日である。額面金額は100,000ドルであり，取得価額との差額は金利調整差額と認められるため，償却原価法（定額法）を採用している。なお，クーポン利息は考慮不要とする。

8 新株予約権について

前期に新株予約権（1個あたりの払込金額：2,000円，権利行使期間：X3年5月1日〜X5年4月30日）1,000個を発行しており，そのうち500個について当期中に権利行使を受けた。その際，現金16,800,000円の払い込みを受け，保有していた自己株式300株（帳簿価額3,420,000円）と新株式1,200株を同時に交付し，次のような仕訳（単位：円）を行っている。なお，当期中に新たに発行した新株予約権はなく，また，これ以外に権利行使はなかった。

（借）現 金 預 金 16,800,000 （貸）自 己 株 式 3,420,000
資 本 金 13,380,000

9 税金について

⑴ 消費税等

消費税等の納税額または還付額は，仮受消費税等の残高と仮払消費税等の残高を相殺した差額とする。

⑵ 法人税等

法人税等調整額加減後の法人税等が，税引前当期純利益の30％になるように，「法人税等」を計上する。

【資料Ⅳ】　決算整理後残高試算表（X5年3月31日）

（単位：円）

借　方		貸　方	
科　　目	金　額	科　　目	金　額
現　金　預　金	1	支　払　手　形	17
受　取　手　形	2	買　　掛　　金	18
売　　掛　　金	3	保　証　債　務	19
繰　越　A　商　品	4	短　期　借　入　金	20
繰　越　B　商　品	5	未　　払　　金	
未　収　消　費　税　等	6	未　払　法　人　税　等	21
建　　　　　　物		長　期　借　入　金	
建　物　附　属　設　備	7	貸　倒　引　当　金	
投　資　有　価　証　券	8	退　職　給　付　引　当　金	22
破　産　更　生　債　権　等	9	繰　延　税　金　負　債	23
繰　延　税　金　資　産	10	資　　本　　金	24
A　商　品　仕　入	11	その他資本剰余金	25
B　商　品　仕　入		繰　越　利　益　剰　余　金	
販　売　費　管　理　費	12	その他有価証券評価差額金	26
退　職　給　付　費　用		新　株　予　約　権	
商　品　棚　卸　減　耗　費	13	A　商　品　売　上	
減　価　償　却　費	14	B　商　品　売　上	27
貸　倒　引　当　金　繰　入　額	15	受　取　利　息	301,000
支　払　利　息	3,146,400	有　価　証　券　利　息	28
為　替　差　損		為　替　差　益	29
保　証　債　務　費　用		法　人　税　等　調　整　額	30
固　定　資　産　除　却　損	16		
法　人　税　等			
合　　　　計		合　　　　計	

46

出題者● 学者×実務家のコラボ模試

解答・解説 ⇨148ページ

〔第 一 問〕 −25点−

問1　次の【留意事項】及び【資料1】〜【資料2】に基づき，設問(1)〜(2)に答えなさい。なお，解答欄に記入する金額は，3桁ごとにカンマで区切ること。この方法によって解答していない場合には正解としない。

【留意事項】
1　A社（以下「当社」という。）の会計期間は1年，決算日は毎年3月31日とする。X24年3月期はX23年4月1日からX24年3月31日までである。
2　当社は商品の卸売業を営んでいる。
3　【資料1】〜【資料2】は，当社の取引及び勘定のうち本問に関連する事項のみを抜粋したものである。【資料1】〜【資料2】以外の事項は考慮しないものとする。また，税効果会計は考慮しないものとする。
4　問題文に指示のない限り，会計基準等に示された原則的な会計処理によるものとする。
5　当社の商品売買の記帳方法は三分法である。売上原価の計算は仕入勘定を用いている。
6　前期末において「一般債権」に区分した債権残高（受取手形及び売掛金）は111,000,000円であった。

【資料1】仕入及び売上に関する取引
　　当社は，仕入先である株式会社 a より残高確認書を入手した。当該残高確認書によると，株式会社 a の当社に対する売掛金残高は32,200,000円（X24年3月31日現在）である。残高確認書受領日（X24年4月14日）現在において当社が株式会社 a に対して計上している買掛金残高は24,700,000円であった。
　　当社と株式会社 a の債権・債務計上額の差額について，株式会社 a から入手した納品書を調査した。その結果，差額はすべて，3月分の商品甲の入出荷取引において，株式会社 a の当社に対する出荷日と，当社の入荷検収日に差異があるためであることが判明した。なお，商品甲はX24年3月10日より株式会社 a のみと取引を開始した新商品であり，当期における仕入単価は3,000円のまま変動はない。
　　当社と株式会社 a における商品甲の入出荷状況は以下のとおりである。

納品書No.	株式会社 a の出荷日	当社の入荷検収日	数量
No.A001	X24年3月10日	X24年3月11日	500個
No.A002	X24年3月22日	（※）参照	2,500個
No.A003	X24年3月31日	X24年4月1日	4,000個

（※）　納品書No.A 002は，当社の得意先であるβ株式会社（月末締め翌月末振込入金）への直送品（販売価額：粗利率25％で設定）である。β株式会社においてX24年3月23日に商品甲は検収済みであるものの，当社は何ら会計処理していないことが判明した。なお，株式会社αは出荷基準により収益を認識しており，当社は検収基準により仕入を認識している。

【資料2】貸倒引当金の設定

　　当社は，受取手形及び売掛金の期末残高について，一般債権，貸倒懸念債権及び破産更生債権等に区分し，それぞれ差額補充法により債権残高の1％，50％及び100％を貸倒引当金として設定している。貸倒引当金に関する特筆すべき事項は，以下の1～5及び売掛債権残高及び内訳明細に整理されている。

1　得意先である雪株式会社（以下「雪社」という。）に対する債権（売掛金20,000,000円）について，1年以上延滞しているため，当期において貸倒懸念債権に区分し，該当する設定率で貸倒引当金を計上することとした。

2　前期末に貸倒懸念債権に区分された月株式会社（以下「月社」という。）に対する債権（8,150,000円）について，当期に破産手続開始の申立てを行ったため，破産更生債権等に区分することとした。なお，前期において貸倒懸念債権に区分したのは月社に対する債権のみであり，当期における月社との取引はない。

3　前期末に破産更生債権等に区分した花株式会社（以下「花社」という。）に対する債権3,100,000円について，当期において債権全額が回収できないことが確定したため，貸倒処理することとした。なお，前期において破産更生債権等に区分したのは花社に対する債権のみである。

4　貸倒引当金繰入額については，一般債権は一般貸倒引当金繰入額と表示し，貸倒懸念債権と破産更生債権等は合算し，個別貸倒引当金繰入額と表示する。また，貸倒引当金は3区分を合算して表示する。

5　【資料1】で未処理となっている売掛債権（全額売掛金のその他一般債権に該当するものである）は，売掛債権残高及び内訳明細にも未反映である。

売掛債権残高及び内訳明細
X24年3月31日現在
（単位：円）

勘定科目	残　高	内　訳	金　額
受　取　手　形	25,000,000	一　般　債　権	25,000,000
売　　　掛　　　金	153,150,000	雪社に対する売掛債権	20,000,000
		月社に対する売掛債権	8,150,000
		その他一般債権	125,000,000
破　産　更　生　債　権　等	3,100,000	花社に対する売掛債権	3,100,000

（1）【資料1】に関して，当社で追加計上が必要な仕訳を答えなさい。なお，追加仕訳の計上が必要ない場合は，解答欄の借方勘定科目欄に「仕訳不要」と記載すること。

納品書No.A001に関する追加仕訳

借　　方		貸　　方	
勘　定　科　目 ｜金　　　　　額	勘　定　科　目 ｜金　　　　　額
[　　　？　　　] ｜(　　　？　　　)	[　　　？　　　] ｜(　　　？　　　)

納品書No.A002に関する追加仕訳

借　　方		貸　　方	
勘　定　科　目 ｜金　　　　　額	勘　定　科　目 ｜金　　　　　額
[　　　①　　　] ｜(　　　②　　　)	[　　　？　　　] ｜(　　　？　　　)
[　売　掛　金　] ｜(　　　？　　　)	[　　　？　　　] ｜(　　　③　　　)

納品書No.A003に関する追加仕訳

借　　方		貸　　方	
勘　定　科　目 ｜金　　　　　額	勘　定　科　目 ｜金　　　　　額
[　　　④　　　] ｜(　　　？　　　)	[　　　？　　　] ｜(　　　？　　　)

⑵　【資料2】に関して，決算整理後残高試算表（X24年3月31日現在）における①～④の金額を答えなさい。

①　受取手形及び売掛金（一般債権）

②　貸倒引当金

③　一般貸倒引当金繰入額

④　個別貸倒引当金繰入額

問2　B商事株式会社（以下「当社」という。）は，国内外問わず，複数の有価証券を保有している。次の【留意事項】及び【資料1】～【資料2】に基づき，設問⑴～⑺に答えなさい。なお，解答欄に記入する金額は，3桁ごとにカンマで区切ること。この方法によって解答していない場合には正解としない。

【留意事項】

1　当社の会計期間は1年，決算日は毎年3月31日とする。X24年3月期はX23年4月1日からX24年3月31日までである。

2　【資料1】～【資料2】は，当社の取引及び勘定のうち本問に関連する事項のみを抜粋したものである。【資料1】～【資料2】以外の事項は考慮しないものとする。

3　計算の過程で端数が生じる場合は，その都度円未満を四捨五入する。

4　売買目的有価証券は前期末評価損益の洗替処理を行っている。

5　その他有価証券の評価差額の処理は全部純資産直入法による。

6　税効果会計を適用し，実効税率は30%とする。

7　資料内の「？」は各自推定すること。

8　直物為替相場は，当期首130円／米ドル，期中平均140円／米ドル，当期末150円／米ドルである。

銘　柄	分類（※）	取得原価	帳簿価額	時　価
a 社株式	売買目的有価証券	55,000米ドル	？	57,500米ドル
b 社株式	子 会 社 株 式	100,000米ドル	12,500,000円	110,000米ドル
c 社株式	その他有価証券	6,100,000円	6,100,000円	6,230,000円
d 社社債	満期保有目的債券	197,000米ドル	24,625,000円	198,230米ドル
e 社株式	その他有価証券	62,500米ドル	7,812,500円	50,000米ドル
f 社株式	関 連 会 社 株 式	23,000,000円	？	25,230,000円
g 社株式	関 連 会 社 株 式	81,500,000円	？	―
h 社株式	子 会 社 株 式	10,260,000円	10,260,000円	11,290,000円
国　　債	その他有価証券	50,000,000円	50,000,000円	48,000,000円

（※）保有目的変更後の分類を示している。

【資料2】 期末評価における注意事項

1　a 社株式はX20年4月1日に取得した。取得時の直物為替相場は110円／米ドルであった。

2　c 社株式は資金運用方針の変更に伴い，X23年12月31日に売買目的有価証券からその他有価証券へと分類を変更したが未処理のままである。X23年12月31日の時価は5,950,000円である。X23年12月31日以降の取引はない。

3　d 社社債（額面200,000米ドル）はX22年4月1日に発行されたものを当期首に取得したものである。満期日はX27年3月31日である。クーポン利子率は年4％，利払日は3月の末日であり，利息は当座預金に入金される。実効利子率を年5％として償却原価法（利息法）を適用する。なお，当期の償却額は期中平均相場により換算する。

4　f 社株式は，X23年1月31日に f 社発行済株式の10％をその他有価証券として取得したものである。X23年10月1日に，f 社発行済株式の20％を52,500,000円で取得して代金を当座預金から支払い，同社を関連会社としたが，未処理のままである。有価証券明細表の時価は，f 社発行済株式の10％相当分の時価である。

5　g 社株式は g 社発行済株式の25％を保有しているため，関連会社株式に分類している。g 社は当期に入ってから経営危機に陥っており，その純資産の価額は，98,000,000円まで下落し，現状，回復の見込みはない。

6　国債は，X23年7月1日に額面総額50,000,000円を額面で取得したものである。価格の下落が予測されたため，リスクヘッジの目的で国債先物の売契約を結んでいる。当該先物契約の期末時価は総額で1,000,000円（借方）である。繰延ヘッジを適用する。

(1)　X24年3月期の当社個別損益計算書に計上される有価証券評価損益

(2)　X24年3月31日の当社個別貸借対照表に計上される満期保有目的債券

(3)　X24年3月31日の当社個別貸借対照表に計上される子会社株式

(4)　X24年3月31日の当社個別貸借対照表に計上される関連会社株式

(5)　X24年3月31日の当社個別貸借対照表に計上されるその他有価証券

(6)　X24年3月31日の当社個別貸借対照表に計上されるその他有価証券評価差額金

(7)　X24年3月31日の当社個別貸借対照表に計上される繰延ヘッジ損益

問3 次の【留意事項】及び【資料1】～【資料2】に基づき，設問(1)～(2)に答えなさい。なお，解答欄に記入する金額は，3桁ごとにカンマで区切ること。この方法によって解答していない場合には正解としない。

【留意事項】

1　C社（以下「当社」という。）の会計期間は1年，決算日は毎年3月31日とする。X24年3月期はX23年4月1日からX24年3月31日までである。

2　当社は，昨今の急激な経済環境の変化に対応するために，兼ねてより新規事業を開始することを検討してきた。X23年3月期には，新商品αの販売を開始し，X24年3月期には新商品βの販売を開始した。新商品αの販売では，カスタマー・ロイヤルティ・プログラムを採用しており，新商品βの販売では，顧客に返品権を付与する取引形態を採用することとした。なお，新商品αと新商品βの販売状況は，それぞれ【資料1】及び【資料2】に整理されている。

3　【資料1】～【資料2】は，当社の取引及び勘定のうち本問に関連する事項のみを抜粋したものである。【資料1】～【資料2】以外の事項は考慮しないものとする。

4　問題文に指示のない限り，会計基準等に示された原則的な会計処理によるものとする。

5　当社の商品売買の記帳方法は三分法である。

6　解答に際して，勘定科目は【勘定科目群】の中から最も適切なものを1つ選び，記号で答えること。なお，同じ記号を複数回使用してもよい。

7　仕訳の中にある［　？　］または（　？　）に入る勘定科目または金額は各自で推定しなさい。

8　小数点未満は四捨五入する。

【資料1】　新商品αの販売状況

　　当社は，X23年3月期より新商品αの販売を開始し，顧客が100円分購入するごとに1ポイントを顧客に付与するカスタマー・ロイヤルティ・プログラムを提供している。顧客は，獲得したポイントを使用することで，将来商品αを購入する際に1ポイント当たり1円の値引きを受けることができる。X23年3月期に，顧客甲は当社の商品αを1,000,000円分現金で購入し，将来の商品購入に利用できる10,000ポイント（＝1,000,000円÷100円×1ポイント）を獲得した。顧客が購入した商品αの独立販売価格は1,000,000円であった。当社は商品の販売時点で，将来9,400ポイントが使用されると見込んだ。当社は，顧客によりポイントが使用される可能性を考慮して，1ポイント当たりの独立販売価格を0.94円（合計額は9,400円（＝0.94円×10,000ポイント））と見積った。当該ポイントは，契約を締結しなければ顧客が受け取れない重要な権利を顧客に提供するものであるため，当社は，顧客へのポイントの付与により履行義務が生じると結論付けた。

　　各期に使用されたポイント，決算日までに使用されたポイント累計及び使用されると見込むポイント総数に関する情報は次のとおりである。当社は，X24年3月期において，使用されるポイント総数の見積りを9,600ポイントに更新した。

	X23年3月期	X24年3月期
各期に使用されたポイント	4,400ポイント	4,200ポイント
決算日までに使用されたポイント累計	4,400ポイント	8,600ポイント
使用されると見込むポイント総数	9,400ポイント	9,600ポイント

【資料2】 新商品βの販売状況

　X24年3月期，当社は新商品βを，顧客乙に対して500,000円（原価率60％）分を販売し，代金は掛けとした。商品βの販売契約には，販売から1年以内であれば顧客が商品を返品できる取り決めがある。当社は，1年間の間に10％の返品があると見積っている。この見積りにもとづいて収益を計上したとしても，不確実性が解消されるまでに著しい減額が発生しない可能性は高い。また，商品βの返品時に生じる回収費用はなく，返品を受けても同じ価格で再度商品を販売することができる。

　商品βの販売時には，変動対価を反映した金額で貸方の収益を計上する。また，販売対価500,000円は，商品βの返品前に受け取り済みのため，返金額はただちに当座預金口座から振り込んだ。なお，商品売買の仕訳にあたっては，取引のつど売上原価勘定に振り替える方法によること。

【勘定科目群】

あ．商品	い．売上	う．前受金	え．普通預金
お．売掛金	か．返品負債	き．仕入	く．返品資産
け．現金	こ．売上原価	さ．当座預金	し．契約負債

(1)　商品αの販売取引に関する仕訳について，仕訳欄の①〜⑤の ［　　］ または （　　） に入る勘定科目または金額を答えなさい。

X23年3月期における商品α販売時の仕訳

借　方		貸　方	
勘　定　科　目	金　　　　　額	勘　定　科　目	金　　　　　額
［　　？　　］	（　　？　　）	［　　？　　］	（　　？　　）
		［　　①　　］	（　　②　　）

X23年3月期末に計上される仕訳

借　方		貸　方	
勘　定　科　目	金　　　　　額	勘　定　科　目	金　　　　　額
［　　？　　］	（　　？　　）	［　　？　　］	（　　③　　）

X24年3月期末に計上される仕訳

借　方		貸　方	
勘　定　科　目	金　　　　　額	勘　定　科　目	金　　　　　額
［　　④　　］	（　　⑤　　）	［　　？　　］	（　　？　　）

(2) 商品βの販売取引に関する仕訳について，仕訳欄の①〜⑤の［　　　］または（　　　）に入る勘定科目または金額を答えなさい。

商品β（500,000円）販売時の仕訳

借　方		貸　方	
勘　定　科　目	金　　　　額	勘　定　科　目	金　　　　額
［　　　？　　　］	（　　　？　　　）	［　　　？　　　］	（　　　？　　　）
		［　　　①　　　］	（　　　②　　　）
［　　　？　　　］	（　　　？　　　）	［　　　？　　　］	（　　　？　　　）
［　　　？　　　］	（　　　③　　　）		

10％の返品を受けた時の仕訳

借　方		貸　方	
勘　定　科　目	金　　　　額	勘　定　科　目	金　　　　額
［　　　？　　　］	（　　　？　　　）	［　　　？　　　］	（　　　？　　　）
［　　　？　　　］	（　　　？　　　）	［　　　④　　　］	（　　　⑤　　　）

〔第 二 問〕 −25点−

問1 次の【留意事項】及び【資料1】～【資料2】に基づき，設問(1)～(3)に答えなさい。なお，解答欄に記入する金額は，3桁ごとにカンマで区切ること。この方法によって解答していない場合には正解としない。

【留意事項】

1 P社の会計期間は1年，決算日は毎年3月31日とする。X24年3月期はX23年4月1日からX24年3月31日までである。

2 【資料1】～【資料2】は，P社の取引及び勘定のうち本問に関連する事項のみを抜粋したものである。【資料1】～【資料2】以外の事項は考慮しないものとする。なお，【資料2】の空欄に入る金額は各自で推定すること。

3 問題文に指示のない限り，会計基準等に示された原則的な会計処理によるものとする。

4 解答する金額がゼロの場合は，解答用紙に「−」を記入すること。

【資料1】 P社の連結財務諸表作成のための概況

1 P社はX22年3月31日にS社の発行済株式数の80％を6,500,000円で取得し，支配を獲得した。

2 X22年3月31日のS社の貸借対照表上，資本金4,000,000円，資本剰余金1,000,000円，利益剰余金2,500,000円が計上されていた。

3 のれんは発生年度の翌年から一定の期間にわたり定額法により償却する。

4 S社は前期・当期ともに剰余金の配当を行っていない。

5 X23年3月31日のS社の貸借対照表上，資本金4,000,000円，資本剰余金1,000,000円，利益剰余金3,200,000円が計上されていた。

6 前期よりP社は商品をS社に販売しており，前期・当期ともに原価に20％の利益を加算している。当期におけるP社のS社への売上高は5,800,000円であった。

7 S社の期首商品のうち300,000円，期末商品のうち450,000円はP社から仕入れたものである。

8 P社の売掛金のうち1,623,000円はS社に対するものである。

9 P社は保有している土地12,000,000円を決算日に15,000,000円でS社に売却して代金の受払いは後日行う。なお，土地の売買にともなう債権債務については，諸資産・諸負債に含まれている。

連結精算表

(単位：円)

科　　目	個別財務諸表		連結修正仕訳		連結財務諸表
	P社	S社	借　方	貸　方	
貸 借 対 照 表					
諸　　資　　産	12,500,000	8,740,000			①
売　　掛　　金	10,260,000	6,230,000			②
商　　　　　品	4,230,000	2,156,000			③
S　社　株　式	6,500,000	―			④
の　　れ　　ん	―	―			300,000
土　　　　　地	30,000,000	8,500,000			⑤
資　産　合　計	63,490,000	25,626,000			
諸　　負　　債	13,040,000	11,006,000			
買　　掛　　金	8,150,000	5,220,000			
資　　本　　金	10,000,000	4,000,000			⑥
資　本　剰　余　金	5,500,000	1,000,000			
利　益　剰　余　金	26,800,000	4,400,000	2,740,000		⑦
非 支 配 株 主 持 分	―	―			⑧
				240,000	
負 債 ・ 純 資 産 合 計	63,490,000	25,626,000			
損　益　計　算　書					
売　　上　　高	31,000,000				43,350,000
（　　省　　略　　）					
当　期　純　利　益	2,625,000	1,200,000			
非支配株主に帰属する当期純利益			⑨		
親会社株主に帰属する当期純利益					

(1)　P社連結精算表（一部抜粋）の①〜⑨に当てはまる金額を答えなさい。

(2)　X24年3月期における，S社の個別財務諸表に計上される売上高を答えなさい。

(3)　P社の連結貸借対照表に計上されるのれんの償却年数を答えなさい。

55

問2 次の【留意事項】及び【資料1】～【資料3】に基づいて，設問(1)～(2)に答えなさい。なお，解答欄に記入する金額は，3桁ごとにカンマで区切ること。この方法によって解答していない場合には正解としない。

【留意事項】

1 A社（以下「当社」という。）の会計期間は1年，決算日は毎年3月31日とする。X24年3月期はX23年4月1日からX24年3月31日までである。

2 【資料1】～【資料3】は，当社の貸借対照表及び損益計算書のうち本問に関連する事項のみを抜粋したものである。【資料1】～【資料3】以外の事項は考慮しないものとする。

3 解答に際して，マイナスの金額には△を付すこと。

4 キャッシュ・フロー計算書の中にある（　　）に入る科目名や金額は各自で推定しなさい。

【資料1】

貸 借 対 照 表
X24年3月31日　　　　　　　　　（単位：円）

資　産	期　首	期　末	負債・純資産	期　首	期　末
現 金 預 金	980,000	1,230,000	買　掛　金	1,150,000	1,180,000
売　掛　金	820,000	1,110,000	未 払 利 息	—	40,000
商　　　品	680,000	810,000	未払法人税等	10,000	70,000
建 物 (純 額)	4,400,000	4,200,000	資　本　金	11,000,000	11,000,000
土　　　地	9,500,000	9,500,000	利 益 剰 余 金	4,220,000	4,560,000
合　　計	16,380,000	16,850,000	合　　計	16,380,000	16,850,000

56

【資料2】

損益計算書
X23年4月1日からX24年3月31日

(単位：円)

売上高		5,055,000
売上原価		3,220,000
売上総利益		1,835,000
販売費及び一般管理費		
人件費	730,000	
販売促進費	480,000	
減価償却費	200,000	1,410,000
営業利益		425,000
営業外収益		
受取利息	75,000	
為替差益	90,000	165,000
営業外費用		
支払利息		100,000
経常利益		490,000
税引前当期純利益		490,000
法人税等		150,000
当期純利益		340,000

【資料3】

1　受取利息及び支払利息は営業活動によるキャッシュ・フローに含める。

2　為替差益のうち40,000円は期末現金の換算により生じたものであり，残額は買掛金の決済により生じたものである。

学者×実務家問題

(1) キャッシュ・フロー計算書における営業活動によるキャッシュ・フローの金額①～⑤に当てはまる金額を答えなさい。

キャッシュ・フロー計算書

X23年4月1日からX24年3月31日

（営業活動によるキャッシュ・フローのみを抜粋している）

（単位：円）

（　　　　　　　　　　　）	①
減価償却費	（　　　　　　）
受取利息	②
為替差益	③
支払利息	（　　　　　　）
売上債権の増加額	④
（　　　　　　）の増加額	（　　　　　　）
（　　　　　　）の増加額	（　　　　　　）
小計	（　　　　　　）
利息の受取額	（　　　　　　）
利息の支払額	⑤
（　　　　　　）の支払額	（　　　　　　）
営業活動によるキャッシュ・フロー	（　　　　　　）

(2) キャッシュ・フロー計算書における営業活動によるキャッシュ・フローの区分（間接法）で，増加要因として表示されるものはどれか。適切なものをすべて選んで記号で答えなさい。

ア．貸倒引当金の減少　　　　イ．減価償却費の計上
ウ．長期借入金の増加　　　　エ．有形固定資産の売却
オ．仕入債務の減少　　　　　カ．棚卸資産の減少

問3　次のリース取引に関する【留意事項】及び【資料1】～【資料2】に基づいて，設問(1)～(4)に答えなさい。なお，解答欄に記入する金額は，3桁ごとにカンマで区切ること。この方法によって解答していない場合には正解としない。

【留意事項】

1　Z社（以下「当社」という。）は，いろはリース株式会社と3種類の機械装置のリース契約を締結している。

2　当社の会計期間は1年，決算日は毎年3月31日とする。X24年3月期はX23年4月1日からX24年3月31日までである。

3　【資料1】～【資料2】は，当社の取引及び勘定のうち本問に関連する事項のみを抜粋したものである。【資料1】～【資料2】以外の事項は考慮しないものとする。

4　問題文に指示のない限り，会計基準等に示された原則的な会計処理によるものとする。

5　計算の過程で端数が生じた場合は，その都度円未満を四捨五入すること。

6　解答する金額がゼロの場合は，解答用紙に「－」を記入すること。

【資料1】 リース契約の概要

機械装置	α	β	γ
取得日（取引開始日）	X23年4月1日	X23年12月1日	X23年4月1日
リース料（年額）（※1）	7,000,000円	6,100,000円	4,000,000円
見積現金購入価額	36,000,000円	29,000,000円	15,500,000円
解約不能リース期間（※2）	6年	5年	3年
経済的耐用年数	8年	6年	5年
所有権移転条項	あり（※3）	なし	なし

（※1） 1年ごとの後払い契約となっている。
（※2） 契約期間を意味する。
（※3） リース期間終了後にリース物件の所有権が借手に移転する契約となっている。

【資料2】 会計処理のための前提事項

1 当社は，いろはリース株式会社のリース資産の購入価額を承知していない。

2 いずれの機械装置にも，割安購入選択権は付されていない。

3 リース取引がファイナンス・リース取引に該当する場合の判定については，現在価値基準（解約不能のリース期間中のリース料総額の現在価値が見積現金購入価額の90％以上である場合にファイナンス・リース取引と判定する。）または経済的耐用年数基準（解約不能のリース期間が経済的耐用年数の75％以上である場合にファイナンス・リース取引と判定する。）にもとづいて行う。

4 リース資産の減価償却は定額法（残存価額ゼロ，間接法による記帳，期中取得の場合は月割計算による）で行う。

5 借手の追加借入利子率は3％である。

(1) 機械装置 α について，次の①及び②の各項目の金額を求めなさい。
　① 当社の貸借対照表においてX24年3月期末に計上されるリース資産の帳簿価額
　② 当社の貸借対照表においてX24年3月期末に計上されるリース債務残高

(2) 機械装置 β について，次の①及び②の各項目の金額を求めなさい。
　① 当社の損益計算書においてX24年3月期に計上される減価償却費
　② 当社の損益計算書においてX24年3月期に計上される支払利息

(3) 機械装置 γ について，次の①及び②の各項目の金額を求めなさい。
　① 当社の貸借対照表においてX24年3月期末に計上されるリース資産の帳簿価額
　② 当社の損益計算書においてX24年3月期に計上される支払リース料

(4) 当社の貸借対照表においてX24年3月期末に計上されるリース資産の取得原価

〔第 三 問〕 －50点－

甲株式会社（以下「甲社」という。）は商品の販売業を営んでいる。甲社のX6年度（自X6年4月1日　至X7年3月31日）における次の【資料1】決算整理前残高試算表，【資料2】勘定科目内訳書及び【資料3】修正事項及び決算整理事項等に基づき，【資料4】決算整理後残高試算表を作成し，①～㊿までの金額を答案用紙に記入しなさい。

（解答上の留意事項）

1　【資料1】，【資料2】及び【資料3】の（　　　）に該当する金額は，各自推定すること。
2　解答金額については，問題文の決算整理前残高試算表の金額欄の数値のように3桁ごとにカンマで区切り，解答金額がマイナスになる場合には，金額の前に「△」を付すこと。この方法によっていない場合には正解としないので注意すること。
3　金額計算において，円未満の金額が生じた場合は，計算の都度円未満を切り捨てること。
4　解答金額が「0」となる場合には，「0」と記入すること。

（問題の前提条件）

1　問題文に特に指定のない限り，会計基準に示す原則的な会計処理に従う。
2　会計上の変更及び誤謬の訂正については，「会計方針の開示，会計上の変更及び誤謬の訂正に関する会計基準」に従う。
3　有価証券及び投資有価証券の期末評価は，「金融商品に関する会計基準」及び「金融商品会計に関する実務指針」等に基づき処理を行い，評価差額は全部純資産直入法により処理する。
4　繰延資産の項目は，資産計上し，認められる最長期間にわたり定額法で月割償却する。
5　消費税及び地方消費税（以下「消費税等」という。）については，（税込）又は消費税等を考慮すると記載されているものについてのみ，税率10％で税額計算を行うこととし，仮払消費税等と仮受消費税等を相殺して未払消費税等を計上する。
6　税効果会計については，適用する旨の記載のある項目についてのみ適用し，記載のない項目については適用しない。繰延税金資産の回収可能性及び繰延税金負債の支払可能性に問題はないものとし，法定実効税率は30％として計算する。なお，繰延税金資産と繰延税金負債は相殺せずに解答すること。
7　法人税等及び法人税等調整額の合計額は，税引前当期純利益に法定実効税率（30％）を乗じて算出した金額とし，法人税等の金額は逆算で計算する。未払法人税等は受取配当金に係る源泉所得税額を控除して計算する。
8　決算整理後残高試算表上，為替差益と為替差損は相殺すること。

【資料1】 決算整理前残高試算表（X7年3月31日現在）

(単位：円)

借 方		貸 方	
勘 定 科 目	金 額	勘 定 科 目	金 額
現　　　　　金	2,116,600	買　　掛　　金	67,387,580
当 座 預 金	(　　　　　　)	仮　　受　　金	(　　　　　　)
受 取 手 形	48,399,000	仮 受 消 費 税 等	45,626,000
売　　掛　　金	41,800,000	貸 倒 引 当 金	205,000
有 価 証 券	56,000,000	社　　　　　債	(　　　　　　)
繰 越 商 品	48,861,500	退 職 給 付 引 当 金	(　　　　　　)
仮　　払　　金	(　　　　　　)	資　　本　　金	(　　　　　　)
前 払 費 用	(　　　　　　)	資 本 準 備 金	24,290,000
仮 払 消 費 税 等	32,820,000	繰 越 利 益 剰 余 金	62,284,900
建　　　　　物	78,556,000	新 株 予 約 権	3,000,000
車 両 運 搬 具	1,200,000	売　　　　　上	460,440,000
備　　　　　品	(　　　　　　)	受 取 配 当 金	1,572,520
土　　　　　地	66,980,000	為 替 差 益	630,000
建 設 仮 勘 定	38,000,000		
投 資 有 価 証 券	51,950,000		
繰 延 税 金 資 産	(　　　　　　)		
仕　　　　　入	255,278,000		
人　　件　　費	46,900,000		
そ の 他 の 販 売 費	43,742,900		
社 債 利 息	750,000		
為 替 差 損	120,000		
合　　　　　計	(　　　　　　)	合　　　　　計	(　　　　　　)

学者×実務家問題

【資料2】 勘定科目内訳書

(単位：円)

勘定科目	内　訳　等		金　額
繰越商品	A商品の前期末残高（棚卸減耗，評価損は生じていない。）		40,222,500
	B商品の前期末残高（棚卸減耗，評価損は生じていない。）		8,639,000
		合　計	48,861,500
仮払金	車両購入代金		（　　　　）
	備品リース料支払額		1,000,000
	退職一時金支払額		11,000,000
	年金掛金拠出額		9,500,000
	吸収合併で乙社から引き受けた買掛金の支払額		1,000,000
	乙社吸収合併に際し，証券会社への業務委託手数料の支払額		90,000
		合　計	（　　　　）
前払費用	為替予約の振当処理による期間配分額		（　　　　）
繰延税金資産	前期末退職給付引当金残高に係る税効果額		（　　　　）
貸倒引当金	前期末残高		205,000
仮受金	T社社債の受取利息		（　　　　）
退職給付引当金	前期末残高		（　　　　）
売上	A商品売上高		354,400,000
	B商品売上高		106,040,000
		合　計	460,440,000
仕入	A商品補助元帳残高		180,370,000
	B商品補助元帳残高		74,908,000
		合　計	255,278,000
その他の販売費	A商品に係る仕入諸掛		9,047,500
	B商品に係る見本費計上額		2,848,000
	受取配当金に係る源泉所得税額		84,000
	その他		31,763,400
		合　計	43,742,900

【資料3】 修正事項及び決算整理事項等

1 当座預金に関する事項

(1) 甲社は，L銀行とR銀行に対して当座預金を開設しており，当期末において残高について確認したところ，R銀行については銀行残高40,250,500円と一致していたが，L銀行については銀行残高が△450,000円であり当社残高との間に差異があった。L銀行との差異の原因は以下のとおりである。なお，甲社は両銀行と10,000,000円を限度とする当座借越契約を締結している。

(2) 当座預金出納帳の帳簿残高とL銀行当座預金残高証明書の金額との差異の原因を調査した結果，次の事実が判明した。

① 銀行に預けていた取立依頼の手形の期日落分（X7年3月31日）1,700,000円が取立済みであったが，取立手数料2,500円（その他の販売費）とともに未処理になっていた。

② X7年3月31日の銀行営業時間外に500,000円の入金処理を行ったが，銀行では翌日入金としていた。

③ X7年3月31日に得意先X社に対する売掛金の入金として，手数料を差し引いた899,000円の振り込みがあったが，手数料1,000円（その他の販売費）とともに未処理となっていた。

④ 仕入先に掛代金支払いのため振り出した小切手で，銀行に呈示されないものが600,000円ある。

2 売掛金に関する事項

甲社の得意先元帳（Y社）残高（X7年3月31日現在）572,000円について得意先Y社に残高確認書を送付したところ，Y社からの回答金額（X7年3月31日現在）は473,000円であった。

当該差額について調査したところ，Y社から不良品の返品があったことが原因であると判明した。当該差額の内訳はA商品55,000円（税込）及びB商品44,000円（税込）であった。また，甲社では，期末日直前に当該商品を廃棄処分していたが，未処理となっていた。

3 商品に関する事項

甲社はA商品及びB商品を取り扱っており，商品の評価方法は年間の総平均法である。なお，当期末においてA商品及びB商品に棚卸減耗損は生じていない。

(1) A商品に関する事項

① 帳簿数量は以下のとおりである。

期首数量：43,600個，当期仕入数量：530,500個，期末数量：42,500個

② 当期末における売価：@420円，見積販売直接経費：@30円，見積販売間接経費：@10円

(2) B商品に関する事項

① 甲社はB商品の販売促進のために，B商品の一部をサンプル品として顧客に無償支給している。担当者は，サンプル品支給時に，販売価格の8割の単価に支給数量を乗じた金額を仕入勘定からその他の販売費勘定に振替計上しているだけであった。

② 期末帳簿棚卸額：9,675,000円，期末正味売却価額：9,700,000円

4 有形固定資産に関する事項

(1) 建物に関する事項

① 甲社は物流拠点を新たに設置するため，建物（以下「旧建物」という。）付の土地を購入し，旧建物を取り壊した後に当該土地に倉庫を建設した。建物付土地購入及び倉庫建設に関する支出額を建設仮勘定に計上している。なお，消費税等に関しては建設仮勘定から適切な勘定に振替済みである。

②　建設仮勘定残高内訳

計上年月	摘　要	金　額
Ｘ6年4月	建物付土地購入金額	12,500,000円
Ｘ6年4月	旧建物撤去費用	5,500,000円
Ｘ6年5月	旧建物廃材売却収入	△1,500,000円
Ｘ6年6月	整地費用	1,000,000円
Ｘ6年7月	倉庫建設費	20,000,000円
Ｘ6年9月	倉庫落成記念費用（その他の販売費）	500,000円
	建設仮勘定残高	38,000,000円

③　倉庫はＸ6年10月から使用開始し，耐用年数20年，残存価額0の定額法で減価償却する。

(2)　車両運搬具に関する事項

　　甲社はＸ6年9月まで使用した旧営業車を9月に660,000円（消費税等別）で下取りに出して，新営業車（見積価額4,200,000円（消費税等別））を購入し，代金は小切手を振り出して支払った。旧営業車の中古車市場における時価は560,000円（消費税等別）と見込まれた。甲社は，代金支払いにつき仮払金処理を行っていたが，その他の処理（消費税等の処理を含む。）は未済のままであった。消費税等を考慮して会計処理すること。なお，新営業車はＸ6年10月に使用開始し，耐用年数は5年，残存価額0の定額法で減価償却する。

(3)　資産除去債務に関する事項

①　甲社は当期首に事務所建物を78,556,000円で取得し，同日より使用開始した。

②　甲社には，耐用年数終了後直ちに，当該建物を解体・除去する法的義務があるが，取得した建物を78,556,000円で資産計上しているのみで，資産除去債務に関する会計処理は未済となっている。

③　当該建物を解体・除去するときの支出額の見積りは期待値法による。耐用年数終了時の除去支出額とその発生確率は次のように見積もられた（見積値から乖離するリスクは反映済みである）。

	耐用年数終了時の除去支出額	発生確率
プラン1	1,000,000円	15％
プラン2	1,250,000円	20％
プラン3	2,000,000円	30％
プラン4	2,500,000円	10％
プラン5	3,000,000円	25％

④　資産除去債務は当該建物購入時にのみ発生するものとする。

⑤　資産除去債務の算定に用いられる割引率は年2.0％とし，期間18年の現価係数は0.70とする。

(4)　備品に関する事項

　　備品について，当期に以下の事項が発見されたが，処理が未済である。なお，税効果は認識しない。

	摘　　要
事務用備品Ⅰ	減価償却資産台帳への記帳漏れにより，前期における減価償却費の計上漏れが発見された。
事務用備品Ⅱ	前期に，誤って耐用年数を70年として減価償却していたため，前期の減価償却費が過少であったことが判明した。
事務用備品Ⅲ	前期まで耐用年数を5年としていたが，当期首に予測不能な機能的陳腐化が生じたことから，当初耐用年数を5年から4年に変更した。

5　減価償却に関する事項

(1)　【資料1】決算整理前残高試算表の有形固定資産は次のとおりである。

勘定科目	用途等	取得原価	期首帳簿価額	耐用年数	使用開始
建　　　物	事　務　所	78,556,000円	78,556,000円	18年	X6年4月
車両運搬具	旧営業車	（　　　　　）	1,200,000円	6年	X2年4月
備　　　品	事務用備品Ⅰ	19,200,000円	（　　　　　）	5年	X5年12月
備　　　品	事務用備品Ⅱ	13,440,000円	（　　　　　）	7年	X5年10月
備　　　品	事務用備品Ⅲ	3,500,000円	（　　　　　）	旧5年→新4年	X4年4月

(2)　有形固定資産は，いずれも残存価額0の定額法で償却する。減価償却計算については，使用期間分を月割計算する。また，決算整理後残高試算表上，減価償却累計額は直接控除方式による。

6　有価証券及び投資有価証券に関する事項

(1)　【資料1】決算整理前残高試算表の有価証券（S社株式）及び投資有価証券（S社株式以外）の内訳は以下のとおりである。

銘　柄	帳簿価額	当期末時価	株（口）数	備　考
S社株式	56,000,000円	57,400,000円	40,000株	保有目的区分変更
T社社債	9,300,000円	9,520,000円	1,000口	満期保有目的
U社株式	20,000,000円	－	400株	子会社株式
V社株式	12,000,000円	12,200,000円	8,000株	その他有価証券
W社株式	5,000,000円	2,200,000円	4,000株	その他有価証券
甲社株式	1,650,000円	1,700,000円	20株	－
乙社株式	4,000,000円	－	80株	関連会社株式

(2)　株式及び社債に関する事項

①　前期末に計上されたその他有価証券の評価差額に関する科目については，当期首に振り戻しを行っている。

②　時価又は実質価額が著しく下落している場合には，回復可能性はないものとする。減損による評価損には税効果を認識しない。その他有価証券評価差額金については，税効果を認識する。

③　S社株式は，X6年4月に売買目的有価証券として取得したものであるが，資金運用方針の変更に伴い，X6年9月末をもって，その他有価証券に保有目的を変更した。当該保

有目的変更の会計処理が未了となっている。X6年9月末の時価は55,400,000円であり，X6年10月1日以降当期末までの取引はない。

④　T社社債については，券面額1口10,000円，クーポン利率年2.2％，実効利子率年4.0％，利払日3月末及び9月末の社債を，満期保有目的（長期）で当期首に購入したものである。支払額のうち，購入代価を投資有価証券とし，購入手数料40,000円をその他の販売費とした。取得差額は金利の調整と認められるため，償却原価法（利息法）により処理するが，当該社債に係る利息の受取額（源泉所得税は考慮しない。）を仮受金としているのみである。なお，利息計算は月数計算とし，円未満の端数は計算の都度切り捨てること。

⑤　U社株式については，当期末における実質価額は1株当たり純資産額18,000円と計算された。

⑥　甲社株式は，X6年5月に取得したものであり，帳簿価額には証券会社に対する支払手数料50,000円が含まれている。

7　貸倒引当金に関する事項

(1)　甲社は，従来から，金銭債権を一般債権，貸倒懸念債権，破産更生債権等に区分し，以下のように各区分ごとに貸倒見積額を算定の上，その合計額をもって差額補充法により貸倒引当金を設定している。なお，引当金設定限度超過額については税効果を認識する。

債権区分	設定額（会計上）	引当金設定限度額（税務上）
一般債権	債権残高×貸倒実績率0.5％	債権残高×貸倒実績率0.5％
貸倒懸念債権	債権残高×50％	債権残高×貸倒実績率0.5％
破産更生債権等	債権残高×100％	債権残高×50％

(2)　得意先G社がX7年2月に民事再生法の規定により再生手続きの開始の申し立てを行ったが，甲社は会計処理を行っていなかった。G社に対する債権は，売掛金4,500,000円と受取手形2,400,000円（第三者振出でG社が裏書した手形）である。なお，破産更生債権等とみなされる債権については，「破産更生債権等」として会計処理する。

(3)　当期末において得意先H社の財政状態が悪化し，H社に対する債権は貸倒懸念債権に該当することになった。当期末において，甲社はH社に対して売掛金2,000,000円を有している。

(4)　前期末の債権はすべて一般債権であった。

(5)　貸倒引当金の設定に当たり，担保・保証の存在については考慮しないものとする。

8　退職給付引当金に関する事項

(1)　甲社は退職一時金制度及び企業年金制度を設けている。甲社は従業員300人未満であるため，退職給付費用の計算は簡便的な方法（退職一時金制度については，期末自己都合要支給額を退職給付債務とし，企業年金制度については，直近の年金財政上の責任準備金を退職給付債務とする方法）によっている。なお，退職給付引当金については税効果を認識する。

項　目	前期末	当期計上額	当期末
（退職一時金制度）期末自己都合要支給額	141,800,000円	—	150,200,000円
（企業年金制度）年金財政上の責任準備金	106,100,000円	—	115,800,000円
退職一時金支払額	—	11,000,000円	—
年金掛金拠出額	—	9,500,000円	—
年金資産時価	48,400,000円	—	49,000,000円

(2) 退職給付費用は人件費として処理する。

9　転換社債型新株予約権付社債に関する事項

　　甲社は，転換社債型新株予約権付社債をX5年10月1日に以下の条件で発行した。会計処理については，区分法を採用している。なお，新株予約権の対価総額は3,000,000円である。

① 発行総額：50,000,000円（額面発行，新株予約権5,000個）
② 行使価格：10,000円（新株予約権1個当たり）
③ 利率：年3％（年1回9月30日後払い）
④ 新株予約権の権利行使期間：X5年10月1日～X8年9月30日
⑤ 資本組入額：会社法規定の最低額を資本金とする。
⑥ 償却原価法：定額法による。
⑦ 社債の償還日：X8年9月30日
⑧ X6年10月1日に新株予約権2,000個の行使があったが，処理が未済となっている。なお，残りの3,000個については，当期末現在行使されていない。
⑨ 前期における処理は適正に行われており，当期においては前期末の未払社債利息の洗い替えと，社債利息支払いの処理を行ったのみであり，それ以外の処理は未済である。

10　リース契約に関する事項

　　甲社は，X6年4月1日に備品を以下の条件によるリース契約で借り受けた。当該リース契約はファイナンス・リース取引に該当する。なお，当期のリース料の支払額が仮払金計上されたままで，その他の処理はなされていなかった。

① リース期間：4年（解約不能）
② 経済的耐用年数：5年
③ 甲社指定の特別仕様であり，甲社専用仕様の備品である。
④ 甲社が現金購入する場合の見積価額：3,800,000円
⑤ リース料総額：4,000,000円
⑥ リース料支払日：毎年3月31日（リース期間均等分割払）
⑦ 甲社の追加借入利子率：年4％
⑧ 年4％で期間4年の年金現価係数：3.6299
⑨ 減価償却は，残存価額0の定額法で行う。

11　為替予約（ヘッジ会計の要件を満たしている。）に関する事項

　(1)　甲社は，X7年2月1日にドル建取引（商品200,000ドルを輸出し，代金は掛とし，決済日

はX7年4月30日である。）を行った。甲社はX7年4月30日の決済に向けて，X7年3月1日に為替予約契約を締結した。甲社の経理担当者は当該為替予約取引につき，甲社の従来からの会計方針である振当処理を行い，直先差額が発生する場合には月割で期間配分する経理処理を行った。しかし，甲社は，当期から為替予約の会計方針が独立処理に変更となっており，当該変更の処理は行われていなかった。

(2) 甲社は，X7年3月1日にドル建の輸入契約（商品150,000ドルをX7年4月10日に輸入し，X7年4月30日に出金決済する。）を締結し，同日にX7年4月30日を実行日とする同額の為替予約契約を締結したが未処理であった。なお，税効果を認識する。

(3) 為替予約に係る債権及び債務は相殺し，純額を為替予約勘定で計上すること。

直物為替相場及びX7年4月末限月の先物為替相場の推移は以下のとおりである。

日　付	直物為替相場（円/ドル）	先物為替相場（円/ドル）
X7年2月1日	90	88
X7年3月1日	93	92
X7年3月31日	94	93
X7年4月30日	95	—

12　合併に関する事項

甲社は，X6年10月1日に甲社を存続会社，乙株式会社（以下「乙社」という。）を消滅会社とする吸収合併を実施した。当該合併直前の乙社貸借対照表及び合併条件等は以下のとおりであった。なお，当該合併に関する会計処理は未処理であった（ただし，下記で示すように，引受買掛金の支払いと証券会社への業務委託手数料の支払いは，仮払金で処理している）。

(1) 乙社貸借対照表（X6年9月30日現在）

貸借対照表　　　　　（単位：円）

資　産	金　額	負債・純資産	金　額
現　　　　金	9,500,000	買　掛　金	(*2)2,000,000
土　　　　地	(*1)4,500,000	資　本　金	10,000,000
		繰越利益剰余金	2,000,000
合　　　計	14,000,000	合　　　計	14,000,000

（＊1）　X6年9月30日における土地の時価は4,800,000円である。税効果は考慮しないこと。

（＊2）　甲社は，合併後に当該買掛金2,000,000円のうち，半分の1,000,000円について支払いを実行したが，支払額を仮払金として処理している。

(2) 合併条件等

① 乙社の設立（X4年10月1日）に際し，甲社は4,000,000円出資し，乙社株式80株（乙社の発行済株式総数の40％）を取得している。

② 乙社設立後，増資・減資・配当等の資本取引はない。

③ 甲社は当該合併に際し，甲社以外の乙社株主に対し甲社株式150株（新株135株，自己株式15株）を交付した。吸収合併時の甲社株式の株価は1株当たり82,000円である。

④ 当該吸収合併は，取得の経済的実態と判定され，取得企業は甲社である。

⑤ 甲社は株式の交付に際し，証券会社に業務委託手数料90,000円を支払ったが，仮払金と

して処理している。

⑥　吸収合併に際して増加すべき株主資本は，資本準備金とその他資本剰余金を均等に増加させる。

⑦　吸収合併から生じるのれんは，10年間にわたり定額法で月割償却する。

学者×実務家問題

【資料4】 決算整理後残高試算表（X7年3月31日現在）

（単位：円）

借 方		貸 方	
勘 定 科 目	金 額	勘 定 科 目	金 額
現　　　　　金		買　　掛　　金	㉚
当 座 預 金	①	短 期 借 入 金	㉛
受 取 手 形	②	未 払 社 債 利 息	㉜
売　　掛　　金	③	未 払 法 人 税 等	
商　　　　　品	④	未 払 消 費 税 等	㉝
建　　　　　物	⑤	為　替　予　約	㉞
車 両 運 搬 具	⑥	貸 倒 引 当 金	
備　　　　　品	⑦	資 産 除 去 債 務	㉟
土　　　　　地	⑧	社　　　　　債	㊱
リ ー ス 資 産	⑨	リ ー ス 債 務	㊲
の　　れ　　ん	⑩	繰 延 税 金 負 債	㊳
投 資 有 価 証 券	⑪	退 職 給 付 引 当 金	㊴
自 己 株 式	⑫	資　　本　　金	㊵
破 産 更 生 債 権 等	⑬	資 本 準 備 金	㊶
繰 延 税 金 資 産	⑭	その他資本剰余金	㊷
株 式 交 付 費		繰 越 利 益 剰 余 金	㊸
売 上 原 価	⑮	その他有価証券評価差額金	㊹
商 品 評 価 損	⑯	繰 延 ヘ ッ ジ 損 益	㊺
人　　件　　費	⑰	新 株 予 約 権	㊻
貸 倒 引 当 金 繰 入	⑱	売　　　　　上	㊼
減 価 償 却 費	⑲	有 価 証 券 利 息	㊽
の れ ん 償 却		受 取 配 当 金	
利 息 費 用	⑳	為　替　差　益	㊾
そ の 他 の 販 売 費	㉑	法 人 税 等 調 整 額	㊿
支 払 利 息	㉒		
社 債 利 息	㉓		
株 式 交 付 費 償 却	㉔		
支 払 手 数 料			
有 価 証 券 評 価 損	㉕		
商 品 廃 棄 損	㉖		
固 定 資 産 売 却 損	㉗		
投 資 有 価 証 券 評 価 損	㉘		
法 人 税 等	㉙		
合　　　　　計		合　　　　　計	

税理士試験＜簿 記 論＞
解答・解説編

解答・解説についての注意事項

◆解答中の黒マル数字は配点を表しています。

◆☆マークは，取るべき解答の目安を示しています。

◆問題は100点満点です。

◆「出題者の意図」で出題のねらいを確認し，これからの対策ポイントを押さえましょう。

出題者	第1回	ネットスクール
	第2回	瑞穂会
	第3回	LEC東京リーガルマインド
	第4回	学者×実務家のコラボ模試

〔第 一 問〕

個別問題を3問出題しました。問1は固定資産の減損（減損会計）からの出題であり、過去の本試験では個別問題として出題されやすい傾向にある論点です。個別問題対策としては、共用資産の減損損失までしっかり押さえておきたいところです。問2は企業結合のうち株式交換と吸収合併についての出題

であり、簿記論の個別問題らしい比較問題としています。問3はこれまで簿記論で繰り返し出題されてきた割賦販売に関する出題です。「収益認識会計」の適用により割賦基準の適用は認められなくなりましたが、本問のような金融要素に関する会計処理についても既に本試験では出題されています。

〔第 二 問〕

こちらも個別問題を3問出題しました。問1の伝票会計は近年の本試験では出題されていないのですが、昨年久しぶりに複数仕訳帳制度に関する出題が行われましたので、それとの関連性で出題される可能性が考えられます。問2は退職給付会計からの出題であり、簿記論では常に重要と考えられる論点で

す。今回は個別問題としての出題なので、推定の要素を絡めた出題としています。問3はリース会計からの出題です。今後「リース会計」に関する改正が予定されており、このような改正前の論点は簿記論の本試験で出題されやすい傾向にありますので要注意と言えます。

〔第 三 問〕

近年の簿記論の〔第三問〕では一般的な総合問題の出題が多かったのですが、第72回本試験では建設業会計、第73回本試験では製造業会計がそれぞれ久しぶりに出題されたため、今回（第74回）は本支店会計の出題予想としました。本支店会計自体はこれまで簿記論で繰り返し出題されており、部分的ではありますが近年の〔第三問〕においても出題は行われています。個別の内容としては現金預金、

有価証券、固定資産、社債などの論点を含めた出題としています。

また、解答すべき内容としては決算整理後残高試算表の作成問題が多くなっていますが、今回は本支店会計からの出題ということもあり、本支店合併による貸借対照表及び損益計算書の作成問題（金額の空欄補充形式）としています。

合格ライン

〔第一問〕　15点以上
〔第二問〕　16点以上
〔第三問〕　26点以上

解 答

〔第 一 問〕 −25点−

問1

ア	❶☆	1,510,000	円

イ	❷	578,125	円

ウ	❷	327,125	円

エ	❷☆	210,000	円

問2

（ケース1）

ア	❶☆	840,000	円

イ	❷☆	1,120,000	円

ウ	❶☆	720,000	円

（ケース2）

ア	❶☆	980,000	円

イ	❷☆	60,000	円

ウ	❶☆	880,000	円

問3

ア	❷☆	158,419	円

イ	❷	1,335,547	円

ウ	❷	246,578	円

エ	❷☆	22,001	円

オ	❷	33,301	円

〔第 二 問〕 −25点−

問1−1

(1) 入金伝票集計表：　❶☆　76,500　円　　(2) 買掛金勘定

　　出金伝票集計表：　❶☆　41,250　円

　　振替伝票集計表：　❶　194,450　円

　　　　　　　　　　　　　　　　　　　　　借方：　❶☆　27,000　円

　　　　　　　　　　　　　　　　　　　　　貸方：　❶☆　61,000　円

問1−2

(1) 売上伝票集計表：　❶☆　101,200　円　　(2) 売掛金勘定

　　仕入伝票集計表：　❶☆　126,000　円

　　振替伝票集計表：　❶　130,250　円

　　　　　　　　　　　　　　　　　　　　　借方：　❶☆　98,000　円

　　　　　　　　　　　　　　　　　　　　　貸方：　❶☆　159,200　円

問2

①	❶　442,000　円	⑤	❶　711,700　円
②	❶　520,000　円	⑥	❶☆　8,558,000　円
③	❶☆　638,000　円	⑦	❶　9,255,400　円
④	❶　661,200　円		

問3

ア	❷☆　26,710,800　円	エ	❶　5,342,160　円
イ	❷☆　1,068,432　円	オ	❶　1,230,926　円
ウ	❷☆　5,342,160　円		

74

〔第 三 問〕 −50点−

（単位：円）

No.	損益計算書科目		金　額	No.	貸借対照表科目		金　額
1	期 首 商 品 棚 卸 高	❷☆	23,800,000	16	現　　　　　　金	❷☆	2,238,000
2	当 期 商 品 仕 入 高	❷☆	211,200,000	17	当 座 預 金	❷☆	21,496,000
3	商 品 棚 卸 減 耗 損	❶	500,000	18	受 取 手 形	❷☆	9,460,000
4	販 売 費 管 理 費	❶	55,833,000	19	売 掛 金	❷☆	12,040,000
5	建 物 減 価 償 却 費	❶	1,260,000	20	有 価 証 券	❷☆	2,030,000
6	備 品 減 価 償 却 費	❶	585,000	21	商　　　　　　品	❶	26,660,000
7	車 両 減 価 償 却 費	❶	2,460,000	22	建　　　　　　物	❶	13,960,000
8	社 債 利 息	❷	375,000	23	備　　　　　　品	❶	1,440,000
9	社 債 償 還 損	❶	21,000	24	車　　　　　　両	❶	3,340,000
10	法 人 税 等	❶	5,997,000	25	投 資 有 価 証 券	❷☆	562,000
11	法 人 税 等 調 整 額	❶	3,000	26	繰 延 税 金 資 産	❷	8,400
12	売　　　　　上　　　　　高	❷☆	288,416,000	27	支 払 手 形	❷☆	6,760,000
13	期 末 商 品 棚 卸 高	❶	27,160,000	28	買 掛 金	❷☆	11,160,000
14	有 価 証 券 運 用 益	❶	560,000	29	未 払 法 人 税 等	❶	2,037,000
15	投資有価証券評価益	❶	10,000	30	未 払 消 費 税 等	❶	2,221,600
				31	未 払 費 用	❷☆	48,000
				32	社　　　　　　債	❷	11,580,000
				33	繰 延 税 金 負 債	❶	17,400
				34	その他有価証券評価差額金	❷☆	40,600

75

〔第一問〕 (単位：円)

1 問1：固定資産の減損

1 減損会計適用前（X24年3月末）の帳簿価額

(1) 製造設備B（X16年4月～X24年3月→　8年経過）

$$2{,}800{,}000 - 2{,}800{,}000 \times \frac{8\,年}{10\,年} = 560{,}000$$

(2) 製造設備C（X17年4月～X24年3月→　7年経過）

$$3{,}000{,}000 - 3{,}000{,}000 \times \frac{7\,年}{12\,年} = 1{,}250{,}000$$

(3) 製造設備D（X18年12月～X24年3月→　5年4カ月経過）

$$1{,}800{,}000 - 1{,}800{,}000 \times \frac{64\,カ月}{8\,年 \times 12\,カ月} = 600{,}000$$

(4) 本社建物E（X07年10月～X24年3月→16年6カ月経過）

$$20{,}000{,}000 - 20{,}000{,}000 \times 0.9 \times \frac{198\,カ月}{30\,年 \times 12\,カ月} = 10{,}100{,}000$$

帳簿価額合計　12,510,000

2 共用資産以外（製造設備B・C・D）の減損損失

(1) 減損の兆候の有無

製造設備B：減損の兆候なし→単独では減損損失の計上を行わない。

製造設備C・D：減損の兆候あり→減損損失の認識の判定を行う。

(2) 減損損失の認識の判定

製造設備C：帳簿価額1,250,000≦割引前将来C／F1,400,000→単独では減損損失の計上を行わない。

製造設備D：帳簿価額600,000＞割引前将来C／F550,000→減損損失の測定を行う。

(3) 減損損失の測定

製造設備D：600,000－回収可能価額590,000＝ $\boxed{10{,}000}$

3 共用資産（本社建物E）の減損損失

共用資産に減損の兆候がある場合に，減損損失を認識するかどうかの判定は，<u>共用資産が関連する複数の資産又は資産グループに共用資産を加えた，より大きな単位で行う</u>（原則的方法）。

(1) 減損の兆候の有無

減損の兆候あり→減損損失の認識の判定を行う。

(2) 減損損失の認識の判定

帳簿価額合計12,510,000＞割引前将来C／F11,500,000→減損損失の測定を行う。

(3) 減損損失の測定

① 共用資産を含む大きな資産グループの減損損失を測定する。

帳簿価額合計12,510,000－回収可能価額11,000,000＝ $\boxed{1{,}510{,}000}$

② 共用資産の減損損失を計算する。

1,510,000－製造設備D10,000＝ $\boxed{1{,}500{,}000}$

4　共用資産に配分される減損損失の再配分

共用資産に配分される減損損失が，共用資産の帳簿価額と正味売却価額の差額を超過することが明らかな場合には，その超過額を合理的な基準により各資産又は資産グループに配分する。

(1)　超過額

帳簿価額10,100,000 − 正味売却価額9,890,000 = $\boxed{210,000}$ < 1,500,000

∴　1,500,000 − 210,000 = $\boxed{1,290,000}$ →合理的な基準により再配分する。

(2)　再配分

> ＜合理的な基準による配分方法（参考）＞　…固定資産の減損に係る会計基準の適用指針より
>
> ①　各資産（又は資産グループ。以下同じ。）の回収可能価額が容易に把握できる場合
>
> 当該回収可能価額を下回る結果とならないように，当該超過額を，各資産の帳簿価額と回収可能価額の差額の比率等により配分する。
>
> ②　各資産の回収可能価額が容易に把握できない場合（本問のケース）
>
> 当該超過額を，各資産の帳簿価額の比率等により配分する（※）。
>
> （※）　ただし，各資産の一部の回収可能価額が容易に把握できる場合には，当該回収可能価額を下回る結果とならないように，合理的な基準により，回収可能価額が容易に把握できない構成資産に減損損失を配分することができる（本問では「考慮不要」の指示あり）。

よって，本問ではその指示に従い，次のように再配分する。

製造設備B：$1,290,000 \times \dfrac{560,000}{2,400,000} = \boxed{301,000}$

製造設備C：$1,290,000 \times \dfrac{1,250,000}{2,400,000} = \boxed{671,875}$

製造設備D：$1,290,000 \times \dfrac{600,000 - 10,000}{2,400,000} = \boxed{317,125}$

※　減損会計適用後の帳簿価額の合計額：

B 560,000 + C 1,250,000 + D（600,000 − 10,000）= 2,400,000

5　本問の解答

解答ア　当期に計上される減損損失の合計額

$\boxed{1,510,000}$ …上記**3**(3)①の「共用資産を含む大きな資産グループの減損損失」である。

解答イ　製造設備Cの減損会計適用後の帳簿価額

1,250,000 − 671,875 = $\boxed{578,125}$

解答ウ　製造設備Dに配分される減損損失の金額

10,000 + 317,125 = $\boxed{327,125}$

解答エ　本社建物Eに配分される減損損失の金額

$\boxed{210,000}$ …上記**4**(1)の「共用資産の帳簿価額と正味売却価額の差額」である。

（参　考）

　本問の方法により再配分を行った場合，製造設備Ｄの減損会計適用後の帳簿価額（600,000－327,125＝272,875）が製造設備Ｄの回収可能価額590,000を下回ることになる（再配分をした272,875だけ下回ることになる。）。

　よって，各資産の一部の回収可能価額が容易に把握できる場合には，当該回収可能価額を下回る結果とならないように，以下のような方法により，回収可能価額が容易に把握できない構成資産に減損損失を配分することができる（円未満の端数は四捨五入した。）。

製造設備Ｂ：$1,290,000 \times \dfrac{560,000}{560,000+1,250,000} = \boxed{399,116}$

製造設備Ｃ：$1,290,000 \times \dfrac{1,250,000}{560,000+1,250,000} = \boxed{890,884}$

製造設備Ｄ：再配分しない。

2　問2：株式交換・吸収合併

1　株式交換の会計処理（ケース1）

（関 係 会 社 株 式）	イ 1,120,000	（資　　　　　本　　　　　金）	800,000
		（資 本 準 備 金）	320,000

棚卸資産：$\boxed{ア \quad 840,000}$（増減なし）

取得原価：＠14,000×80株＝1,120,000　←子会社株式の計上額（のれんは計上されない。）

資本金：＠10,000×80株＝800,000

資本準備金：1,120,000－800,000＝320,000　　∴　400,000＋320,000＝$\boxed{ウ \quad 720,000}$

2　合併の会計処理（ケース2）

（現　　金　　預　　金）	320,000	（仕　　入　　債　　務）	460,000
（売　　上　　債　　権）	200,000	（退 職 給 付 引 当 金）	140,000
（棚　　卸　　資　　産）	140,000	（資　　　　　本　　　　　金）	640,000
（建　　　　　　　　物）	440,000	（資 本 準 備 金）	480,000
（土　　　　　　　　地）	560,000		
（の　　れ　　ん）	イ 60,000		

棚卸資産：840,000＋140,000＝$\boxed{ア \quad 980,000}$

取得原価：＠14,000×80株＝1,120,000

資本金：＠8,000×80株＝640,000

資本準備金：1,120,000－640,000＝480,000　　∴　400,000＋480,000＝$\boxed{ウ \quad 880,000}$

のれん：差額

3 問3：割賦販売

1 割賦金の回収スケジュール表

(1) 商品甲

	Ⓐ 割賦売掛金 入金前残高	Ⓑ 各回の割賦金 入金額	Ⓒ 入金額のうち 売上原価	Ⓓ 入金額のうち 受取利息	Ⓔ 割賦売掛金 回収額	Ⓕ 割賦売掛金 入金後残高
第1回（X05.9.30）	※842,473	200,000	140,000	50,548	149,452	693,021
第2回（X06.3.31）	693,021	200,000	140,000	41,581	158,419	534,602
第3回（X06.9.30）	534,602	200,000	140,000	32,076	167,924	366,678
第4回（X07.3.31）	366,678	200,000	140,000	22,001	177,999	188,679
第5回（X07.9.30）	188,679	200,000	140,000	11,321	188,679	0
合　　計	――	1,000,000	700,000	157,527	※842,473	――

※ $\dfrac{200,000}{(1+0.06)}+\dfrac{200,000}{(1+0.06)^2}+\dfrac{200,000}{(1+0.06)^3}+\dfrac{200,000}{(1+0.06)^4}+\dfrac{200,000}{(1+0.06)^5}≒842,473$

Ⓓ＝Ⓐ×6％　　Ⓔ＝Ⓑ－Ⓓ　　Ⓕ＝Ⓐ－Ⓔ

Ⓒ　700,000÷5回＝140,000（割賦金入金額の70％）

　　本問では，割賦金入金額（200,000）に含まれる売上原価部分が一定額（140,000）になるように計算を行っている。

　　同様の方法で商品乙について計算を行えば，下記(2)のとおりとなる。

(2) 商品乙

	Ⓐ 割賦売掛金 入金前残高	Ⓑ 各回の割賦金 入金額	Ⓒ 入金額のうち 売上原価	Ⓓ 入金額のうち 受取利息	Ⓔ 割賦売掛金 回収額	Ⓕ 割賦売掛金 入金後残高
第1回（X06.7.31）	※1,335,547	300,000	180,000	53,422	246,578	1,088,969
第2回（X06.11.30）	1,088,969	300,000	180,000	43,559	256,441	832,528
第3回（X07.3.31）	832,528	300,000	180,000	33,301	266,699	565,829
第4回（X07.7.31）	565,829	300,000	180,000	22,633	277,367	288,462
第5回（X08.11.30）	288,462	300,000	180,000	11,538	288,462	0
合　　計	――	1,500,000	900,000	164,453	※1,335,547	――

※ $\dfrac{300,000}{(1+0.04)}+\dfrac{300,000}{(1+0.04)^2}+\dfrac{300,000}{(1+0.04)^3}+\dfrac{300,000}{(1+0.04)^4}+\dfrac{300,000}{(1+0.04)^5}≒1,335,547$

Ⓓ＝Ⓐ×4％　　Ⓔ＝Ⓑ－Ⓓ　　Ⓕ＝Ⓐ－Ⓔ

Ⓒ　900,000÷5回＝180,000（割賦金入金額の60％）

2 仕 訳

(1) X05年4月1日

甲 （割 賦 売 掛 金）　842,473　（割 賦 売 上）　842,473

(2) X05年9月30日

甲 （現　　　　　金）　200,000　（割 賦 売 掛 金）　149,452
　　　　　　　　　　　　　　　　（受 取 利 息）　50,548

(3) X06年3月31日

甲	(現　　　　　金)	200,000	(割　賦　売　掛　金) ア	158,419
			(受　取　利　息)	41,581

(4) X06年4月1日

乙	(割　賦　売　掛　金)	1,335,547	(割　　賦　　売　　上) イ	1,335,547

(5) X06年7月31日

乙	(現　　　　　金)	300,000	(割　賦　売　掛　金) ウ	246,578
			(受　取　利　息)	53,422

(6) X06年9月30日

甲	(現　　　　　金)	200,000	(割　賦　売　掛　金)	167,924
			(受　取　利　息)	32,076

(7) X06年11月30日

乙	(現　　　　　金)	300,000	(割　賦　売　掛　金)	256,441
			(受　取　利　息)	43,559

(8) X07年3月31日

甲	(現　　　　　金)	200,000	(割　賦　売　掛　金)	177,999
			(受　取　利　息) エ	22,001
乙	(現　　　　　金)	300,000	(割　賦　売　掛　金)	266,699
			(受　取　利　息) オ	33,301

〔第 二 問〕 (単位：円)

1 問1：伝票会計

1 三伝票制

①	振	(仕　　　入)	50,000	(支　払　手　形)	50,000	}	複合取引・分解方式
	振	(仕　　　入)	22,000	(買　　掛　　金)	22,000		
②	入	(現　　　金)	28,000	(売　　　　上)	28,000	}	複合取引・分解方式
	振	(受　取　手　形)	70,000	(売　　　　上)	70,000		
③	出	(仕　　　入)	15,000	(現　　　金)	15,000	}	複合取引・分解方式
	振	(仕　　　入)	39,000	(買　　掛　　金)	39,000		
④	入	(現　　　金)	48,500	(売　　掛　　金)	48,500		
⑤	振	(売　　　上)	3,200	(売　　掛　　金)	3,200		
⑥	出	(買　　掛　　金)	26,250	(現　　　金)	26,250	}	複合取引・分解方式
	振	(買　　掛　　金)	750	(仕　入　割　引)	750		
⑦	振	(貸倒引当金)	8,000	(売　　掛　　金)	8,000	}	複合取引・分解方式
	振	(貸　倒　損　失)	1,500	(売　　掛　　金)	1,500		

※　複合取引の記入方法

本問では，複合取引を「分解方式」によって記入している。

複合取引を「分解方式」によって記入すれば，上記①～⑦の取引の金額の合計額は，仕訳日計表の合計額312,200と一致する（「分解方式」以外の方法で記入した場合には，仕訳日計表の合計額は312,200にならない。）。

(1)　入金伝票集計表：②28,000 + ④48,500 = 76,500
　　　出金伝票集計表：③15,000 + ⑥26,250 = 41,250
　　　振替伝票集計表：①50,000 + ①22,000 + ②70,000 + ③39,000 + ⑤3,200 + ⑥750 + ⑦8,000 + ⑦1,500 = 194,450

(2)　買掛金勘定
　　　借方：⑥26,250 + ⑥750 = 27,000
　　　貸方：①22,000 + ③39,000 = 61,000

2　五伝票制

売上の相手勘定はすべて売掛金，仕入の相手勘定はすべて買掛金とする。

仕入・売上以外の取引は，三伝票制と同じ記入となる（④，⑥，⑦の取引）。

①	⑭	（仕　　　　入）	72,000	（買　　掛　　金）	72,000		
	⑯	（買　　掛　　金）	50,000	（支　払　手　形）	50,000		
②	⑰	（売　　掛　　金）	98,000	（売　　　　　上）	98,000		
	⑪	（現　　　　金）	28,000	（売　　掛　　金）	28,000	複合取引・分解方式	
	⑯	（受　取　手　形）	70,000	（売　　掛　　金）	70,000		
③	⑭	（仕　　　　入）	54,000	（買　　掛　　金）	54,000		
	⑩	（買　　掛　　金）	15,000	（現　　　　金）	15,000		
④	⑪	（現　　　　金）	48,500	（売　　掛　　金）	48,500		
⑤	⑰	（売　　　　上）	3,200	（売　　掛　　金）	3,200		
⑥	⑩	（買　　掛　　金）	26,250	（現　　　　金）	26,250	複合取引・分解方式	
	⑯	（買　　掛　　金）	750	（仕　入　割　引）	750		
⑦	⑯	（貸　倒　引　当　金）	8,000	（売　　掛　　金）	8,000	複合取引・分解方式	
	⑯	（貸　倒　損　失）	1,500	（売　　掛　　金）	1,500		

(1)　売上伝票集計表：②98,000＋⑤3,200＝ $\boxed{101,200}$

　　仕入伝票集計表：①72,000＋③54,000＝ $\boxed{126,000}$

　　振替伝票集計表：①50,000＋②70,000＋⑥750＋⑦8,000＋⑦1,500＝ $\boxed{130,250}$

(2)　売掛金勘定

　　借方：② $\boxed{98,000}$

　　貸方：②28,000＋②70,000＋④48,500＋⑤3,200＋⑦8,000＋⑦1,500＝ $\boxed{159,200}$

② 問2：退職給付会計

1　×01期の処理

退職給付費用			
勤務	428,000		
利息[1]	210,000		
		合計　③ $\boxed{638,000}$	

退職給付債務			
支給	480,000	期首	8,400,000
		勤務	428,000
(8,558,000)		利息[1]	210,000

↓ ＝数理×01期　＋42,000

8,600,000

※1　8,400,000×2.5％＝210,000

退職給付引当金			
数理×01期	42,000	債務	8,600,000
引当金⑥	$\boxed{8,558,000}$		

or

退職給付引当金			
支給	480,000	期首[2]	8,400,000
期末　⑥	$\boxed{8,558,000}$		
		費用　③	$\boxed{638,000}$

※2　×01期首には退職給付債務以外の明細的科目はないため，8,400,000がそのまま退職給付引当金となる。

2　×02期の処理

退職給付費用			退職給付債務			
数理×01期[※1]	4,200		支給	360,000	期首	8,600,000
勤務[※3] ①	442,000				勤務　①	442,000
利息[※2]	215,000				利息[※2]	215,000
		合計　④ 661,200	(8,897,000)			

$\downarrow$ ＝数理×02期　△17,000
8,880,000

※1　42,000÷10年＝4,200
※2　8,600,000×2.5％＝215,000
※3　退職給付費用④661,200は，下記の退職給付引当金BOXの差額で算定できるため，勤務費用①は差額で求めることができる。

退職給付引当金				or	退職給付引当金			
数理×01期[※4]	37,800	債務	8,880,000		支給	360,000	期首	8,558,000
引当金	8,859,200				期末	8,859,200		
		数理×02期	17,000				費用　④	661,200

※4　42,000－4,200＝37,800

3　×03期の処理

退職給付費用				退職給付債務			
数理×01期	4,200	数理×02期[※1]	1,700	支給② 520,000		期首	8,880,000
勤務	456,000					勤務	456,000
利息[※2]	222,000					利息[※2]	222,000
		合計	680,500	(9,038,000)			

$\downarrow$ ＝数理×03期　△38,000
9,000,000

※1　17,000÷10年＝1,700
※2　8,880,000×2.5％＝222,000

退職給付引当金				or	退職給付引当金			
数理×01期[※3]	33,600	債務	9,000,000		支給　②	520,000	期首	8,859,200
引当金	9,019,700	数理×02期[※4]	15,300		期末	9,019,700		
		数理×03期	38,000				費用	680,500

※3　37,800－4,200＝33,600
※4　17,000－1,700＝15,300

4 ×04期の処理

退職給付費用			
数理×01期	4,200	数理×02期	1,700
勤務	488,000	数理×03期※1	3,800
利息※2	225,000		
		合計 ⑤	711,700

退職給付債務			
支給	476,000	期首	9,000,000
		勤務	488,000
		利息※2	225,000
	(9,237,000)		

$$\downarrow \quad = 数理×04期 \quad +63,000$$
$$9,300,000$$

※1　$38,000 \div 10年 = 3,800$

※2　$9,000,000 \times 2.5\% = 225,000$

退職給付引当金			
数理×01期※3	29,400	債務	9,300,000
数理×04期	63,000		
引当金⑦	9,255,400	数理×02期※4	13,600
		数理×03期※5	34,200

or

退職給付引当金			
支給	476,000	期首	9,019,700
期末 ⑦	9,255,400		
		費用 ⑤	711,700

※3　$33,600 - 4,200 = 29,400$

※4　$15,300 - 1,700 = 13,600$

※5　$38,000 - 3,800 = 34,200$

③ 問3：リース会計

1 リース物件の取得原価

貸手の購入価額を借手（C社）は知ることができないので，(1)借手の見積現金購入価額と(2)リース料総額の割引現在価値のいずれか低い金額を取得原価とする。

(1) 借手の見積現金購入価額

27,000,000

(2) リース料総額の割引現在価値

現価係数表が与えられているので，それを用いて算定する。

∴　$6,000,000※ \times 0.9615 + 6,000,000 \times 0.9246 + 6,000,000 \times 0.889 + 6,000,000 \times 0.8548 \times 6,000,000$
$\times 0.8219 = 26,710,800$

※　リース料年額：$500,000 \times 12ヵ月 = 6,000,000$

(3) (1)＞(2)　　∴　26,710,800 が取得原価となる。

2　リース債務の返済スケジュール

返済日	期首元本	返済合計	元本返済分	利息分	期末元本
×02年3月31日	①26,710,800	6,000,000	4,931,568	1,068,432	21,779,232
×03年3月31日	21,779,232	6,000,000	5,128,831	871,169	16,650,401
×04年3月31日	16,650,401	6,000,000	5,333,984	666,016	11,316,417
×05年3月31日	11,316,417	6,000,000	5,547,343	452,657	5,769,074
×06年3月31日	5,769,074	6,000,000	②5,769,074	②230,926	0
合　計	——	30,000,000	26,710,800	3,289,200	——

利息分＝期首元本×利子率※

※　リース料総額の割引現在価値を取得原価としているので，割引計算に用いた率（借手の追加借入利子率4％）を使って利息法を適用する（円未満四捨五入）。

元本返済分＝返済合計－利息分

期末元本＝期首元本－元本返済分

①　26,710,800（取得原価）

②　最終年度（×06年3月31日）の利息分230,926及び元本返済分5,769,074は差額で算定する。

3　仕　訳

(1)　×01年4月1日

（リ　ー　ス　資　産）	ア 26,710,800	（リ　ー　ス　債　務）	ア 26,710,800

※　上記「1　リース物件の取得原価」を参照。

(2)　×02年3月31日

①　リース料支払

（リ　ー　ス　債　務）	4,931,568	（現　金　預　金）	6,000,000
（支　払　利　息）	イ 1,068,432		

※　上記「2　リース債務の返済スケジュール」を参照。

②　減価償却

（減　価　償　却　費）	ウ 5,342,160	（減価償却累計額）	ウ 5,342,160

※　減価償却費：26,710,800÷5年＝5,342,160

(3)　×05年3月31日

①　リース料支払

（リ　ー　ス　債　務）	5,547,343	（現　金　預　金）	6,000,000
（支　払　利　息）	452,657		

※　上記「2　リース債務の返済スケジュール」を参照。

②　減価償却

（減　価　償　却　費）	5,342,160	（減価償却累計額）	5,342,160

※　減価償却費：26,710,800÷5年＝5,342,160

③　リース物件の除却（返却）

（減 価 償 却 累 計 額）	21,368,640	（リ ー ス 資 産）	26,710,800
（リ ー ス 資 産 除 却 損）	エ　5,342,160		

※　リース資産除却損

解約時の帳簿価額により除却損を計上する（リース物件は返還するので，除却価額はゼロ。）。

∴　26,710,800 − 21,368,640（注）＝ 5,342,160

（注）　減価償却累計額：5,342,160 × 4 年分 ＝ 21,368,640

④　リース契約の解約

（リ ー ス 債 務）	5,769,074	（現 　金 　預 　金）	7,000,000
（リ ー ス 債 務 解 約 損）	オ　1,230,926		

※　リース債務解約損

規定損害金の支払額と，解約時のリース債務残高の差額を解約損とする。

∴　7,000,000 − 5,769,074 ＝ 1,230,926

86

〔第三問〕 (単位:円)

① 決算整理前残高試算表の空欄

		本 店				支 店	
a	建物	10,100,000	b c 算定後，貸借差額	a	建物	5,120,000	b c 算定後，貸借差額
b	備品	1,125,000	下記②6(2)①参照	b	備品	900,000	下記②6(2)②参照
c	車両	4,400,000	下記②6(3)①参照	c	車両	1,400,000	下記②6(3)②参照

※ 金額はいずれも「期首帳簿価額」を示している（前T/Bに減価償却累計額がないため，直接法により処理しているものと判断すること。）。

② 決算修正及び整理

1. 本支店間の未達取引に関する事項

(1) 甲商品の支店への未達（支店の処理）

（本 店 仕 入）	1,840,000	（本 店）	1,840,000

※ 振替価格：1,600,000×1.15＝1,840,000

(2) 甲商品の直接返品（本店の処理）

（買 掛 金）	440,000	（甲 商 品 仕 入）	400,000
		（仮 払 消 費 税 等）	40,000
（支 店 売 上）	460,000	（支 店）	460,000

※ 甲商品仕入：460,000÷1.15＝400,000
　仮払消費税等：400,000×10％＝40,000

(3) 甲商品の直接仕入・本店宛為替手形（本店の処理）

（甲 商 品 仕 入）	600,000	（支 払 手 形）	660,000
（仮 払 消 費 税 等）	60,000		
（支 店）	690,000	（支 店 売 上）	690,000

※ 甲商品仕入：690,000÷1.15＝600,000
　仮払消費税等：600,000×10％＝60,000

(4) 当座振込の未達（本店の処理）

（当 座 預 金）	1,000,000	（支 店）	1,000,000

支 店					本 店		
前T/B	17,668,000	(2)	460,000			前T/B	15,058,000
(3)	690,000	(4)	1,000,000			(1)	1,840,000
		整理後	16,898,000	整理後	16,898,000		

支 店 売 上				本 店 仕 入			
(2)	460,000	前T/B	80,960,000	前T/B	79,350,000		
		(3)	690,000	(1)	1,840,000		
整理後	81,190,000					整理後	81,190,000

2　期末商品に関する事項

(1)　本　店

①　支店への売上原価

支店売上81,190,000÷1.15＝70,600,000

②　原価率

甲　商　品

期首　　　　12,200,000	支店売上原価　　70,600,000	
仕入　　　　151,600,000 　　　　　＋600,000 　　　　　△400,000 　　　　＝151,800,000	外部売上原価	→外部売上　111,776,000
	期末	→実地売価　18,984,000

原価率：$\dfrac{12,200,000+151,800,000-70,600,000}{111,776,000+18,984,000}=\dfrac{93,400,000}{130,760,000}=\boxed{\dfrac{1}{1.4}}$

※　　原価÷売価　が割り切れない場合，売価÷原価　を計算してみるとよい。

③　期末商品棚卸高

$18,984,000\times\dfrac{1}{1.4}=\boxed{13,560,000}$

(2)　支　店

①　期首商品棚卸高（内部利益直接控除）

12,500,000（支店の前T/B繰越商品）－900,000（本店の前T/B繰延内部利益）＝$\boxed{11,600,000}$

②　期末商品帳簿棚卸高（内部利益直接控除）

甲（7,590,000＋未達1,840,000）÷1.15＋乙5,400,000＝甲8,200,000＋乙5,400,000＝$\boxed{13,600,000}$

③　棚卸減耗損（内部利益直接控除）

甲商品：｛帳簿（7,590,000＋未達1,840,000）－実地（7,130,000＋未達1,840,000）｝÷1.15
　　　　＝460,000÷1.15＝400,000

乙商品：5,400,000－5,300,000＝100,000

　∴　合計＝$\boxed{500,000}$

④　期末商品実地棚卸高（内部利益直接控除）

甲（7,130,000＋未達1,840,000）÷1.15＋乙5,300,000＝$\boxed{13,100,000}$

(3)　合併財務諸表の数値（内部利益直接控除）

	期首商品棚卸高	当期商品仕入高	期末商品棚卸高	商品棚卸減耗損	商品（B/S）
本店	12,200,000	151,800,000	13,560,000	—	13,560,000
支店	11,600,000	59,400,000	13,600,000	500,000	13,100,000
合計	23,800,000	211,200,000	27,160,000	500,000	26,660,000

3 現金及び当座預金に関する事項

(1) 本 店

① 配当金領収証

(現 金)	20,000	(有価証券運用損益)	20,000

※ A社株式は売買目的有価証券であり，かつ，答案用紙に「受取配当金」a/cがないため，「有価証券運用損益」a/cで処理するものと判断する。

② 入金処理の取消

(売 掛 金)	240,000	(当 座 預 金)	240,000

※ 入金がない時点で早まって入金処理を行っていることが判明したので，その処理を取り消す。

③ 引落の未処理

(販 売 費 管 理 費)	360,000	(当 座 預 金)	396,000
(仮 払 消 費 税 等)	36,000		

※ 販売費管理費：396,000÷1.10 = 360,000
　　仮払消費税等：360,000×10% = 36,000

(2) 支 店

① 先日付小切手

(受 取 手 形)	60,000	(現 金)	60,000

② 未取付小切手：仕訳不要

4 社債に関する事項

(1) 償却原価法の適用

① 額面総額と発行価額との差額

$$15,000,000 - 15,000,000 \times \frac{95.2円}{100円} \quad (= 14,280,000) = 720,000$$

② 過年度償却

$$720,000 \times \frac{14 \text{ヵ月}}{96 \text{ヵ月}} = 105,000 \qquad \therefore \quad 社債の期首簿価：14,280,000 + 105,000 = 14,385,000$$

③ 償還分の当期償却

$$720,000 \times \frac{1}{5} \times \frac{2 \text{ヵ月}}{96 \text{ヵ月}} = 3,000$$

④　未償還分の当期償却

$$720,000 \times \frac{4}{5} \times \frac{12 \, \text{ヵ月}}{96 \, \text{ヵ月}} = 72,000$$

⑤　当期末の未償却額

$$720,000 \times \frac{4}{5} \times \frac{70 \, \text{ヵ月}}{96 \, \text{ヵ月}} = 420,000 \qquad \therefore \quad 社債の期末簿価：12,000,000 - 420,000 = 11,580,000$$

(2)　約定利息の計算

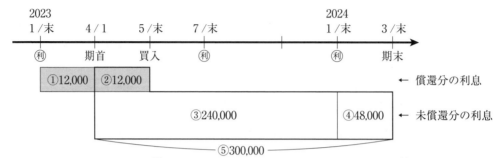

①　$3,000,000 \times 2.4\% \times \dfrac{2 \, \text{ヵ月}}{12 \, \text{ヵ月}} = 12,000$　　②　$3,000,000 \times 2.4\% \times \dfrac{2 \, \text{ヵ月}}{12 \, \text{ヵ月}} = 12,000$

③　$12,000,000 \times 2.4\% \times \dfrac{10 \, \text{ヵ月}}{12 \, \text{ヵ月}} = 240,000$　　④　$12,000,000 \times 2.4\% \times \dfrac{2 \, \text{ヵ月}}{12 \, \text{ヵ月}} = 48,000$

⑤　当期に費用計上される約定利息：300,000

　　※　償還分の利息24,000（＝①＋②）のうち，当期の費用となるのは②の12,000である。

(3)　期中処理の修正と決算整理

①　買入償還の期中処理の修正

（社　債　利　息）	3,000	（社　　　　　債）	123,000
（社　債　利　息）	24,000		
（社　債　償　還　益）	75,000		
（社　債　償　還　損）	21,000		

②　決算整理

（社　債　利　息）	72,000	（社　　　　　債）	72,000
（社　債　利　息）	48,000	（未　払　費　用）	48,000

③　買入償還時の端数利息

　　上図(2)の①12,000＋②12,000＝24,000←未処理（前T/B社債利息に含まれていない。）

④　前T/Bの社債利息

　　上図(2)の③240,000－②12,000（未処理分）＝228,000

(4)　参　考

①　買入償還の本来の期中処理

（社　　　　　債）	2,877,000	（当　座　預　金）	2,925,000
（社　債　利　息）	3,000	←償却額	
（社　債　利　息）	24,000	←端数利息	
（社　債　償　還　損）	21,000		

償還分の社債の期首簿価：$14,385,000 \times \dfrac{1}{5} = 2,877,000$

② 実際に行った期中処理

（社 債）	3,000,000	（当 座 預 金）	2,925,000
		（社 債 償 還 益）	75,000

5 有価証券に関する事項

(1) 売買目的有価証券（A社株式）

① 付替計算（移動平均法）

期首	300株	@5,000	1,500,000	←前期末時価（切放法）
購入	200株	@4,000	800,000	
	500株	@4,600	2,300,000	
売却	△150株	@4,600	△690,000	
	350株	@4,600	1,610,000	

② 売却時に行った処理（当座入金と仮定）

（当 座 預 金）	810,000	（有 価 証 券）	780,000
		（有価証券運用損益）	30,000

※ 150株×@5,400＝810,000

150株×@5,200（2022年12月に購入した際における取得単価）＝780,000

③ 売却時の正しい処理

（当 座 預 金）	810,000	（有 価 証 券）	690,000
		（有価証券運用損益）	120,000

④ 売却処理の修正

（有 価 証 券）	90,000	（有価証券運用損益）	90,000

⑤ 決算整理（時価評価）

（有 価 証 券）	420,000	（有価証券運用損益）	420,000

※ 期末評価額：350株×@5,800＝2,030,000

∴ 2,030,000－1,610,000＝420,000

(2) その他有価証券（B社株式・C社株式・D社株式）

① 前期末の処理

・B社株式：138,000－176,000＝△38,000（評価損）

（投資有価証券評価損益）	38,000	（投 資 有 価 証 券）	38,000
（繰 延 税 金 資 産）	11,400	（法 人 税 等 調 整 額）	11,400

※ 繰延税金資産：38,000×30％＝11,400

・C社株式：88,000－190,000＝△102,000（評価損）

88,000＜190,000×50％　∴　減損処理

（投資有価証券評価損益）	102,000	（投 資 有 価 証 券）	102,000

・D社株式：312,000 − 268,000 = 44,000（評価益）

| （投 資 有 価 証 券） | 44,000 | （繰 延 税 金 負 債） | 13,200 |
| | | （その他有価証券評価差額金） | 30,800 |

※ 繰延税金負債：44,000 × 30% = 13,200

② 期首洗替（未処理）

・B社株式

| （投 資 有 価 証 券） | 38,000 | （投資有価証券評価損益） | 38,000 |
| （法 人 税 等 調 整 額） | 11,400 | （繰 延 税 金 資 産） | 11,400 |

・C社株式

減損処理であるため，期首洗替は不要（切放法による。）。

・D社株式

| （繰 延 税 金 負 債） | 13,200 | （投 資 有 価 証 券） | 44,000 |
| （その他有価証券評価差額金） | 30,800 | | |

③ 決算整理（時価評価）

・B社株式：148,000 − 176,000 = △28,000（評価損）

| （投資有価証券評価損益） | 28,000 | （投 資 有 価 証 券） | 28,000 |
| （繰 延 税 金 資 産） | 8,400 | （法 人 税 等 調 整 額） | 8,400 |

※ 繰延税金資産：28,000 × 30% = 8,400

・C社株式：98,000 − 88,000 = 10,000（評価益）

| （投 資 有 価 証 券） | 10,000 | （繰 延 税 金 負 債） | 3,000 |
| | | （その他有価証券評価差額金） | 7,000 |

※ 繰延税金負債：10,000 × 30% = 3,000

・D社株式：316,000 − 268,000 = 48,000（評価益）

| （投 資 有 価 証 券） | 48,000 | （繰 延 税 金 負 債） | 14,400 |
| | | （その他有価証券評価差額金） | 33,600 |

※ 繰延税金負債：48,000 × 30% = 14,400

6 固定資産に関する事項

(1) 建　物

① 本　店

a）取得原価X（期首帳簿価額 $\boxed{10,100,000}$ は前T/Bの差額で算定する。）

2012年4月～2023年3月　∴　11年経過

$$X - X \times 0.9 \times \frac{11年}{20年} = 10,100,000 \qquad ∴ \quad X = \boxed{20,000,000}$$

b）当期償却　20,000,000 × 0.9 ÷ 20年 = 900,000

| （建 物 減 価 償 却 費） | 900,000 | （建　　　　　物） | 900,000 |

② 支　店

a）取得原価X（期首帳簿価額 5,120,000 は前T/Bの差額で算定する。）

2015年4月〜2023年3月　　∴　8年経過

$X - X \times 0.9 \times \dfrac{8\text{年}}{20\text{年}} = 5,120,000$　　　∴　X ＝ 8,000,000

b）当期償却　8,000,000 × 0.9 ÷ 20年 = 360,000

（建 物 減 価 償 却 費）	360,000	（建　　　　　物）	360,000

(2)　備　品

① 本　店

a）第20期首における帳簿価額

2018年4月〜2020年3月　　∴　2年経過（残存耐用年数8年）

$2,812,500 \times (1 - 0.200)^2 = 1,800,000$

b）期首帳簿価額

2020年4月〜2023年3月　　∴　定額法に変更後3年経過

$1,800,000 - 1,800,000 \times \dfrac{3\text{年}}{8\text{年}} = 1,125,000$

c）当期償却　1,800,000 ÷ 8年 = 225,000

（備 品 減 価 償 却 費）	225,000	（備　　　　　品）	225,000

② 支　店

a）期首帳簿価額

2019年10月〜2023年3月　　∴　3年6ヵ月（42ヵ月）経過

$2,160,000 - 2,160,000 \times \dfrac{42\text{ヵ月}}{6\text{年} \times 12\text{ヵ月}} = 900,000$

b）当期償却　2,160,000 ÷ 6年 = 360,000

（備 品 減 価 償 却 費）	360,000	（備　　　　　品）	360,000

(3)　車　両

① 本　店

a）期首帳簿価額

2022年8月〜2023年3月　　∴　8ヵ月経過

$6,000,000 - 6,000,000 \times 0.400 \times \dfrac{8\text{ヵ月}}{12\text{ヵ月}} = 4,400,000$

b）当期償却　4,400,000 × 0.400 = 1,760,000

（車 両 減 価 償 却 費）	1,760,000	（車　　　　　両）	1,760,000

② 支　店

a）期首帳簿価額

2022年4月〜2023年3月　　∴　1年経過

$2,800,000 - 2,800,000 \times 0.500 = 1,400,000$

b）当期償却　1,400,000 × 0.500 = 700,000

（車 両 減 価 償 却 費）	700,000	（車　　　　　両）	700,000

7 消費税等及び法人税等

(1) 消費税等

① 本 店

（仮 受 消 費 税 等）	11,177,600	（仮 払 消 費 税 等）	17,180,000
（支　　　　　店）	10,124,000	（販 売 費 管 理 費）	1,900,000
		（未 払 消 費 税 等）	2,221,600

※　仮払消費税等

仮払消費税等

前T／B	17,124,000	1(2)	40,000
1(3)	60,000		
3(1)	36,000	17,180,000

② 支 店

（仮 受 消 費 税 等）	17,664,000	（仮 払 消 費 税 等）	7,540,000
		（本　　　　　店）	10,124,000

(2) 法人税等

① 税引前当期純利益：20,000,000

② 法人税等

（法　人　税　等）	5,997,000	（販 売 費 管 理 費）	3,960,000
		（未 払 法 人 税 等）	2,037,000

※　20,000,000×30％－3,000（法人税等調整額）＝5,997,000

③ 本支店合併損益計算書及び貸借対照表

1 損益計算書

借	方			貸	方		
科　　　　目			金　　額	科　　　　目			金　　額
期 首 商 品 棚 卸 高	1		23,800,000	売　　　　　上　　　　　高	12		288,416,000
当 期 商 品 仕 入 高	2		211,200,000	期 末 商 品 棚 卸 高	13		27,160,000
商 品 棚 卸 減 耗 損	3		500,000	有 価 証 券 運 用 益	14		560,000
販 売 費 管 理 費	4		55,833,000	投 資 有 価 証 券 評 価 益	15		10,000
建 物 減 価 償 却 費	5		1,260,000				
備 品 減 価 償 却 費	6		585,000				
車 両 減 価 償 却 費	7		2,460,000				
社　　債　　利　　息	8		375,000				
支　　払　　利　　息			112,000				
社 債 償 還 損	9		21,000				
法　　人　　税　　等	10		5,997,000				
法 人 税 等 調 整 額	11		3,000				
当 期 純 利 益			14,000,000				
合　　　　計			316,146,000	合　　　　計			316,146,000

2 貸借対照表

借	方			貸	方		
科　　　　目			金　　額	科　　　　目			金　　額
現　　　　　　　金	16		2,238,000	支　　払　　手　　形	27		6,760,000
当　　座　　預　　金	17		21,496,000	買　　　　掛　　　　金	28		11,160,000
受　　取　　手　　形	18		9,460,000	未 払 法 人 税 等	29		2,037,000
売　　　　掛　　　　金	19		12,040,000	未 払 消 費 税 等	30		2,221,600
有　　価　　証　　券	20		2,030,000	未　　払　　費　　用	31		48,000
商　　　　　　　品	21		26,660,000	借　　　入　　　金			5,000,000
建　　　　　　　物	22		13,960,000	社　　　　　　　債	32		11,580,000
備　　　　　　　品	23		1,440,000	繰 延 税 金 負 債	33		17,400
車　　　　　　　両	24		3,340,000	資　　　本　　　金			50,000,000
土　　　　　　　地			21,200,000	資　　本　　準　　備　　金			6,000,000
投 資 有 価 証 券	25		562,000	繰 越 利 益 剰 余 金			19,569,800
繰 延 税 金 資 産	26		8,400	その他有価証券評価差額金	34		40,600
合　　　　計			114,434,400	合　　　　計			114,434,400

第 2 回
瑞 穂 会
出題者の意図

〔全　体〕

　本問は**第一問**と**第二問**の難易度が高く，比較的時間がかかる問題でした。一方，**第三問**は基礎的な論点を中心に出題しましたが問題量が多いため，時間配分を考慮し効率よく点数を稼ぐことが求められます。1回転目の解答終了後，見直しを行い2回転目も演習することによって学習の理解度も向上します。特に，金額の集計が多い論点，問題量が多くメモが煩雑になる論点の点数が獲得できるように復習してください。また，**第一問**から**第三問**を演習することで，取捨選択のスキルを学ぶことができます。最近の簿記論は問題量が多いため時間配分の練習は不可欠です。余裕があれば過去に使用した問題集を使い復習しましょう。

〔第 一 問〕

　第一問は商的工業簿記を出題しました。最近の税理士試験では帳簿組織や商品売買の記帳方法に関して出題されています。第73回の総合問題では異常減損費が出題されています。そこで，個別問題を通して異常減損費が学習できる論点を取り扱いました。製品売上原価を求めるためにT勘定やワークシート（番場方式）など自身に合うまとめ方を利用して復習をしてください。貸倒引当金，前払家賃などは日商簿記3級から学習しますが，出題形式が変わると難易度があがります。解説の式をベースに自分に合う計算方法を身につけてください。

〔第 二 問〕

　第二問は過去に出題された資産除去の類似問題，連結会計，特殊商品売買，特殊仕訳帳を出題しました。特に連結会計は，子会社株式の一部売却が最近出題されましたので，増資について取り扱うことにしました。本問では触れていませんが，余裕があれば親会社が子会社の増資した株式数をすべて引き受けた問題も演習しておくとよいでしょう。
　商品売買の記帳方法は三分法が出題されていま
す。一般販売で店頭販売，通信販売を行い，委託販売も行う企業を想定した問題です。簿記論では，特殊商品売買が出題され，最近はクレジットカード決済が増加していることから本問で取り扱うことにしました。特殊仕訳帳は第73回の簿記論で出題されています。そこで本問は，過去の本試験で未出題と思われる論点を出題しました。

〔第 三 問〕

　第三問は時間配分の練習をしやすくするために，比較的基本的な論点を整理して出題しました。しかし，商品売買取引に関連する論点はメモが煩雑になりケアレスミスを引き起こしやすい問題で構成されています。最近の簿記論は問題量が多いため，T勘定や仮計算表などを使い効率よく点数を獲得できるようなまとめ方を検討しましょう。また，毎回出題されている有価証券，有形固定資産，賞与引当金，退職給付引当金，ストック・オプションは正答できるようにしてください。2回転目では繰延税金資産や法人税等調整額も点数が獲得できるように学習を進めましょう。

合格ライン

〔全体〕　ボーダーライン：58点以上，合格確実ライン：70点以上
〔第一問〕　ボーダーライン：10点以上，合格確実ライン：14点以上
〔第二問〕　ボーダーライン：12点以上，合格確実ライン：16点以上
〔第三問〕　ボーダーライン：36点以上，合格確実ライン：40点以上

> ☆　解答してほしい論点
> ★　解答しなくても問題ない論点
> 無印　解答できると差がつく論点

〔第 一 問〕 −25点−

①	★❶	17,670千円
②	❶	1,600千円
③	☆❷	608千円
④	☆❷	1,080千円
⑤	☆❷	918千円
⑥	❶	480千円
⑦	★❶	205千円
⑧	★❶	23,700千円
⑨	☆❶	58,000千円
⑩	★❶	900千円
⑪	❶	1,050千円
⑫	❶	1,617千円
⑬	☆❶	1,320千円
⑭	★❶	3,216千円
⑮	❶	560千円
⑯	☆❶	14,400千円
⑰	☆❶	2,304千円
⑱	☆❶	660千円
⑲	☆❶	3,915千円
⑳	❶	9,000千円
㉑	★❶	46,300千円
㉒	☆❶	6 %

〔第 二 問〕 −25点−

問1

①	②	③
☆❶　　　36千円	☆❶　　2,300千円	❶　120,476千円
④	⑤	⑥
★❶　　　516千円	❶　120,303千円	☆❶　　　20千円

問2

資本剰余金	非支配株主持分
❶　　304,960千円	❶　　357,440千円

問3

決算整理後残高試算表（一部）　　　　　　　　（単位：千円）

借 方 科 目	金　額	貸 方 科 目	金　額
売　　掛　　金	98,000	買　　掛　　金	80,100
クレジット売掛金	86,400	店 頭 販 売 売 上	700,000
繰　越　商　品	（　❶☆ 36,000）	通 信 販 売 売 上	（　1,080,000）
積　　送　　品	（　12,000）	積 送 品 売 上	（　❶ 512,500）
繰 延 積 送 諸 掛	（　❶　1,000）		
仕　　　　　　入	（　❶ 1,206,000）		
積　送　諸　掛	（　51,250）		
支 払 手 数 料	43,200		

店頭販売原価率	通信販売原価率	委託販売原価率
❶　　60%	❶　　50%	❶　　48%

問4

①	②	③	④	⑤
☆❶ 70,000円	☆❶　90,000円	☆❶　1,500円	☆❶ 132,000円	☆❶ 37,000円
⑥	⑦	⑧	⑨	⑩
❶ 45,000円	★❶ 1,099,500円	★❶ 872,500円	☆❶ 165,000円	❶ 50,000円

〔第 三 問〕 −50点−

(単位：円)

(1)	❶☆	888,600	(2)	❶☆	10,599,980	(3)	❶☆	966,000	(4)	❶☆	16,000,000
(5)	❶	4,170,000	(6)	❶☆	607,200	(7)	❶	3,536,000	(8)	❶	29,287,960
(9)	❶	2,466,800	(10)	❶☆	340,000	(11)	❶☆	1,300,000	(12)	❶★	12,283,491
(13)	❶	37,548,000	(14)	❶	57,600	(15)	❶☆	156,000	(16)	❶	14,040,500
(17)	❶	4,406,536	(18)	❶☆	988,300	(19)	❶☆	806,900	(20)	❶☆	250,000
(21)	❶☆	460,000	(22)	❶	712,040	(23)	❶★	748,439	(24)	❶☆	22,060,000
(25)	❶☆	2,160,000	(26)	❶☆	50,000	(27)	❶☆	324,000	(28)	❶☆	35,000
(29)	❶★	448,439	(30)	❶☆	558,860	(31)	❶	2,092,931	(32)	❶☆	2,000,000
(33)	❶☆	1,600,000	(34)	❶☆	880,000	(35)	❶☆	1,469,392	(36)	❶	9,600,000
(37)	❶	35,475,000	(38)	❶☆	22,500	(39)	❶★	85,150,000	(40)	❶	5,260,255
(41)	❶☆	35,000	(42)	❶☆	581,000	(43)	❶☆	54,500,000	(44)	❶	4,805,000
(45)	❶☆	75,700	(46)	❶☆	91,200	(47)	❶	98,700	(48)	❶	739,645
(49)	❶	300	(50)	❶★	532,709						

〔第　一　問〕 (仕訳単位：千円)

　本問は商的工業簿記の帳簿組織を問う問題である。商的工業簿記は，我が国の中小企業で原価計算を採用していない工企業で採用される（岡本清（2000）『原価計算　六訂版』国元書房，57頁）。問題に記載されている原価要素を年度末に集計し，仕掛品勘定へ振り替えるとともに，期末における材料棚卸高は，商業簿記における商品勘定または繰越商品勘定の期末棚卸と同様に，棚卸計算法（実地棚卸を行うため減耗は把握できない）により算定し，仕掛品勘定へ振り替える。

　まず，繰越材料勘定836千円と材料仕入勘定を仕掛品勘定へ振り替える。

1　材　料

（借）	仕	掛	品	836	（貸）	繰	越	材	料	836
	仕	掛	品	7,084		材	料	仕	入	7,084

　次に，期末材料棚卸高を計算し，仕掛品勘定から繰越材料（期末材料棚卸高）へ振り替える。

（借）	繰	越	材	料 *1	1,320	（貸）	仕	掛	品	1,320

＊1　理解しやすくするために，材料勘定を使い，期末材料と材料費の金額を計算する。

		材	料	総平均法		
2,200kg	前期繰越	836	消費額	6,600	15,000kg
15,800kg	材料仕入	7,084	（差額）		
18,000kg			次期繰越	1,320	3,000kg

　　材料の平均単価　（836千円＋7,084千円）÷（2,200kg＋15,800kg）＝0.44千円/kg

　　期末材料棚卸高　3,000kg×0.44千円＝1,320千円

　　材料消費高　836千円＋7,084千円－1,320千円＝6,600千円

　上記の処理から，仕掛品勘定は材料費6,600千円の残高となる。加工費勘定を仕掛品勘定へ振り替えるが一部未処理事項を整理する必要がある。そこで，減価償却，賞与引当金，退職給付引当金の決算整理から解答する。

2　減価償却

建　　物

（借）	減	価	償	却	費 *1	320	（貸）	建物減価償却累計額	800
	加		工		費 *2	480			

＊1　$24,000千円 \times \dfrac{11年}{X年} = 8,800千円$

　　　X年＝30年

　　　24,000千円÷30年＝800千円

　　　800千円×（1－60％）＝320千円

＊2　800千円×60％＝480千円

備　　品

（借）	減　価　償　却　費 *1	288	（貸）	備品減価償却累計額	576
	加　　工　　費	288			

＊1　償却率　$\dfrac{1}{10年} \times 200\% = 0.2$

　　決算整理前残高試算表の減価償却累計額は3,600千円×0.2＝720千円で求められる。

　　（3,600千円−720千円）×0.2＝576千円

　　576千円×50％＝288千円

3　賞与引当金

（借）	賞 与 引 当 金 繰 入 *1	1,080	（貸）	賞　与　引　当　金	1,800
	加　　工　　費 *2	720			

＊1　2,700千円×$\dfrac{4ヵ月}{6ヵ月}$＝1,800千円

　　　1,800千円×（1−40％）＝1,080千円

＊2　1,800千円×40％＝720千円

4　退職給付引当金

（借）	退 職 給 付 費 用 *1	930	（貸）	退 職 給 付 引 当 金	1,550
	加　　工　　費 *2	620			

＊1　利息費用　30,000千円×1％＝300千円

　　　期待運用収益　25,000千円×2％＝500千円

　　　退職給付費用　1,750千円＋300千円−500千円＝1,550千円
　　　　　　　　　　　勤務費用　　利息費用　期待運用収益

　　　1,550千円×（1−40％）＝930千円

＊2　1,550千円×40％＝620千円

掛金の拠出

（借）	退 職 給 付 引 当 金	2,875	（貸）	仮　　払　　金	2,875

費用となる数理計算上の差異

（借）	退 職 給 付 引 当 金	20	（貸）	退 職 給 付 費 用 *1	12
				加　　工　　費 *2	8

＊1　2022年3月期分　600千円÷10年＝　60千円

　　　2023年3月期分　△800千円÷10年＝△80千円

　　　60千円＋△80千円＝△20千円

　　　△20千円×（1−40％）＝△12千円

＊2　△20千円×40％＝△8千円

　　　2023年3月期分　下記のようにT勘定を作り，貸借差額で計算する。

<table>
<tr><th colspan="2" style="text-align:center">退職給付引当金</th><th colspan="2" style="text-align:center">期　首</th></tr>
<tr><td>年 金 資 産</td><td>25,000</td><td>退職給付債務</td><td>30,000</td></tr>
<tr><td>前 々 期 差 異</td><td>540</td><td>前 期 差 異（差額）</td><td>800</td></tr>
<tr><td>期 首 残 高</td><td>5,260</td><td></td><td></td></tr>
</table>

2022年3月期の数理計算上の差異は2023年3月期に1年分償却されている。問題文には差異発生額と記載されており，未認識数理計算上の差異（未償却額）と示されていないことに注意すること。以上により，加工費の金額が整理できたため，加工費勘定を仕掛品勘定へ振り替える。これにより，仕掛品勘定は当期総製造費用と一致する。

5　仕掛品及び製品

（借）　仕　　掛　　品 *1	12,620	（貸）　加　　工　　費	12,620

＊1　10,520千円＋480千円＋288千円＋720千円＋620千円－8千円＝12,620千円

次に，期末仕掛品棚卸高を計算するために，生産データを整理する。本問では，異常減損が生じており，異常減損費を算定して損益計算書の特別損失に計上する必要がある。正常減損の問題に対応できるように，生産データを整理する時は，貸方側を加工の進捗度順に並びかえる。当期の換算量は，貸借差額で求める。

生産データ

	個数	換算量	個数	換算量	貸借差額
期首	500	－ 200	2,850	－ 2,850	完成100%
当期	3,000	－ 3,155	600	480	期末 80%
			50	－ 25	異常 50%

当期　15,000kg÷5kg＝3,000個

上記の生産データからT勘定を使い期末仕掛品棚卸高と当期製品製造原価を算出する。まず，繰越仕掛品勘定（期首）を仕掛品勘定へ振り替える。

（借）　仕　　掛　　品 *1	1,871	（貸）　繰　越　仕　掛　品	1,871

材料費　　加工費
＊1　400千円＋1,471千円＝1,871千円

ここで，計算をしやすくするために仕掛品勘定の材料費と加工費を分けて金額を求める。

	仕掛品（材料費）		総平均法		
500個	前 期 繰 越	400	完成品原価	5,700	2,850個
3,000個	材　料　費	6,600	異常減損費	100	50個
3,500個			次 期 繰 越	1,200	600個

仕掛品単価（材料費）　（400千円＋6,600千円）÷3,500個＝2千円

期末仕掛品棚卸高　　600個×2千円＝1,200千円

異常減損費　　　　　50個×2千円＝100千円

完成品総合原価　（400千円＋6,600千円）－1,200千円－100千円＝5,700千円

	仕掛品（加工費）		総平均法		
200個	前 期 繰 越	1,471	完成品原価	11,970	2,850個
3,155個	加　工　費	12,620	異常減損費	105	25個
3,355個			次 期 繰 越	2,016	480個

仕掛品単価（加工費）　（1,471千円＋12,620千円）÷3,355個＝4.2千円

期末仕掛品棚卸高　　480個×4.2千円＝2,016千円

異常減損費　　　　　25個×4.2千円＝　105千円

完成品総合原価　（1,471千円＋12,620千円）−2,016千円−105千円＝11,970千円

これにより，期末仕掛品棚卸高と当期製品製造原価が算出できた。期末仕掛品棚卸高を仕掛品勘定から繰越仕掛品勘定へ振り替える。また，仕掛品勘定から異常減損費勘定へ振り替える。

（借）　繰　越　仕　掛　品　*1	3,216	（貸）　仕　　掛　　品	3,216

*1　1,200千円＋2,016千円＝3,216千円

（借）　異　常　減　損　費　*1	205	（貸）　仕　　掛　　品	205

*1　100千円＋105千円＝205千円

以上の会計処理から，仕掛品勘定の残高は当期製品製造原価となった。また，ワークシート（番場方式）をもとにして金額を整理すると次のようになる（番場方式は，番場嘉一郎（1984『原価計算論』中央経済社を参照。番場方式という表記は岡本清（2000）『原価計算　六訂版』国元書房，286頁に示されている）。

総　平　均　法	材料費	金　額	加工費	金　額	計
期　首　仕　掛　品	500個	400	200個	1,471	1,871
当　　　　期	3,000個	6,600	3,155個	12,620	19,220
合　　　　計	3,500個 → ÷ → 7,000		3,355個 → ÷ → 14,091		21,091
異　常　減　損	50個 → × 100		25個 → × 105		205
差　　　引	3,450個	6,900	3,330個	13,986	20,886
期　末　仕　掛　品	600個	1,200	480個	2,016	3,216
完成品総合原価	2,850個	5,700	2,850個	11,970	17,670

番場方式によれば，合計欄の金額と数量を割ることで単価を計算できる。合計欄より下の項目は生産データ貸方側の下から記載していけば作成できる。後は，数量と単価を掛けることで金額を計算する。また，先入先出法の場合，番場方式で整理すると次のようになる。当期からはじまり，当期欄より下の項目は生産データ貸方側の下から記載し，最後に期首仕掛品と完成品総合原価を記入することで作成できる。

先　入　先　出　法	材料費	金　額	加工費	金　額	計
当　　　　期	3,000個 → ÷ → 6,600		3,155個 → ÷ → 12,620		19,220
異　常　減　損	50個 → × 110		25個 → × 100		210
差　　　引	2,950個	6,490	3,130個	12,520	19,010
期　末　仕　掛　品	600個	1,320	480個	1,920	3,240
差　　　引	2,350個	5,170	2,650個	10,600	15,770
期　首　仕　掛　品	500個	400	200個	1,471	1,871
完成品総合原価	2,850個	5,570	2,850個	12,071	17,641

最後に，製品売上原価を仕掛品勘定で計算する。当期製品製造原価17,670千円と繰越製品勘定630千円の合計と，期首製品数量200個と当期完成品数量2,850個を割り，平均単価を算出する。計算しやすくするために，製品に関するデータのみを次のT勘定に表す。

製 品　　　総平均法

200個	前期繰越		630	売上原価	17,400	2,900個
2,850個	完成品原価		17,670	（ 差 額 ）		
3,050個				次期繰越	900	150個

製品単価　（630千円＋17,670千円）÷3,050個＝6千円

期末製品棚卸高　150個×6千円＝900千円

製品売上原価　（630千円＋17,670千円）－900千円＝17,400千円

売　上　高　2,900個×20千円＝58,000千円

（借）	仕　　掛　　品	630	（貸）	繰　越　製　品	630
	繰　越　製　品	900		仕　　掛　　品	900

上記の会計処理から，仕掛品勘定の残高は17,400千円となり，製品売上原価となった。

6　貸倒引当金

売掛金期末残高　1,650千円－600千円＝1,050千円

（借）	貸 倒 引 当 金 繰 入 ＊1	3	（貸）	貸 倒 引 当 金	3

＊1　（600千円＋1,050千円）×2％＝33千円

　　　33千円－30千円＝3千円

　貸借対照表には受取手形及び売掛金の合計額1,650千円から貸倒引当金33千円を差し引き，1,617千円と表示される。

7　資本金

　決算整理前残高試算表の資本金は貸借差額で9,000千円と求めることができる。

8　借入金

　本問は，年利率が不明のため計算する必要がある。借入金は前期に借り入れており，利払日が11月末と5月末のため前期末に12月1日から3月31日の4ヵ月分の未払利息を計上している。当期首に再振替仕訳を行っているため，これを考慮して支払利息の残高に対応する月数を求める。当期の5月末と11月末に利払日のため半年分の利息をそれぞれ支払っている。上記を整理すると，支払利息320千円は8ヵ月分に対応する利息額であることがわかる。

支 払 利 息

5/31	6ヵ月	現金預金	×××	未払利息	×××	4ヵ月	4/1	
11/30	6ヵ月	現金預金	×××	残　高	320	8ヵ月		

$$8,000千円 \times X \% \times \frac{8ヵ月}{12ヵ月} = 320千円$$

X＝6％

年利率が計算できれば，当期の未払利息を仕訳することができる。

（借）	支 払 利 息 ＊1	160	（貸）	未 払 利 息	160

＊1　$8,000千円 \times 6 \% \times \frac{4ヵ月}{12ヵ月} = 160千円$

9 支払家賃

家賃は毎年年間分を支払っているため，前期も家賃を支払っていると読み取れる。そのため，前期末に計上した前払家賃（当期4月1日から7月31日の4ヵ月分）の再振替仕訳を考慮する必要がある。また，当期の8月1日には家賃が月額20千円値上がりしている。当期の月額家賃を計算するには次のような式を作る。

$4X + (X + 20千円) \times 12 (ヵ月) = 2,160千円$

$X = 120千円$

$120千円 + 20千円 = 140千円$（値上後の月額家賃）

以上により，当期の前払家賃を仕訳することができる。

（借）前　払　家　賃 [*1]	560	（貸）支　払　家　賃	560

＊1　140千円×4ヵ月＝560千円

10 賃　金

（借）賃　　　　　金	500	（貸）未　払　賃　金	500

（右欄・縦書き）瑞穂会解答・解説

〔第　二　問〕 （仕訳単位：千円）

問1　資産除去債務

本問は資産除去債務に係る会計処理を問う問題である。資産除去債務の増加，見積りの変更，履行差額が中心に問われている。仕訳をもとにして解説するが，減価償却の記帳方法は直接法で示す。

X1年4月1日　機械装置の取得

（借）機　械　装　置	601,811	（貸）現　金　預　金	600,000
		資　産　除　去　債　務 [*1]	1,811

＊1　2,000千円÷$(1 + 0.02)^5$≒1,811千円

X2年3月31日　決　算

（借）利　息　費　用 [*1]	36	（貸）資　産　除　去　債　務	36
減　価　償　却　費 [*2]	120,362	機　械　装　置	120,362
機　械　装　置 [*3]	453	資　産　除　去　債　務	453

＊1　1,811千円×2%≒36千円

＊2　601,811千円÷5年≒120,362千円

＊3　(2,500千円−2,000千円)÷$(1 + 0.025)^4$≒453千円（資産除去債務増加額）

X3年3月31日　決　算

（借）利　息　費　用 [*1]	48	（貸）資　産　除　去　債　務	48
減　価　償　却　費 [*2]	120,476	機　械　装　置	120,476
資　産　除　去　債　務 [*3]	516	機　械　装　置	516

＊1　(1,811千円+36千円)×2%+(453千円×2.5%)≒48千円

＊2　(601,811千円−120,362千円+453千円)÷(5年−1年)≒120,476千円

＊3　加重平均した割引率　$\dfrac{2,000千円}{2,500千円} \times 2\% + \dfrac{500千円}{2,500千円} \times 2.5\% = 2.1\%$

1,950千円÷（1＋0.021）^{3}≒1,832千円（資産除去債務期末残高）

資産除去債務減少額　1,811千円＋36千円＋453千円＋48千円－X千円$\overset{減少額}{}$＝1,832千円

X＝516千円

X 4 年 3 月31日　決　算

（借）	利　息　費　用 ^{*1}	38	（貸）	資 産 除 去 債 務	38
	減 価 償 却 費 ^{*2}	120,303		機　械　装　置	120,303

＊1　1,832千円×2.1%≒38千円

＊2　（601,811千円－120,362千円＋453千円－120,476千円－516千円）÷ 3 年≒120,303千円

X 5 年 3 月31日　決　算

（借）	利　息　費　用 ^{*1}	39	（貸）	資 産 除 去 債 務	39
	減 価 償 却 費	120,303		機　械　装　置	120,303

＊1　（1,832千円＋38千円）×2.1%≒39千円

＊2　（601,811千円－120,362千円＋453千円－120,476千円－516千円）÷ 3 年≒120,303千円

X 6 年 3 月31日　除去費用の支払い

（借）	資 産 除 去 債 務	1,950	（貸）	現　金　預　金	1,970
	履　行　差　額	20			

X 6 年 3 月31日　決　算

（借）	利　息　費　用 ^{*1}	41	（貸）	資 産 除 去 債 務	41
	減 価 償 却 費 ^{*2}	120,304		機　械　装　置	120,304

＊1　1,950千円－（1,832千円＋38千円＋39千円）＝41千円

＊2　360,910千円－120,303千円－120,303千円＝120,304千円

問2　連結会計（増資）

　本問は連結会計上の増資の処理を問う問題である。本問では，連結修正仕訳として，子会社の資産の時価評価，投資と資本の相殺消去，のれん償却，子会社の純利益の振り替え，配当金の修正，増資による修正仕訳を行う。また，収益・費用項目が問題上与えられていないため，収益は利益剰余金の増加要因，費用は利益剰余金の減少要因として読み取る必要がある。増資に伴う非支配株主持分の増加額は下記のタイムテーブルを作成することで計算できる。

子会社の資産の時価評価

（借）	土　　　　　地	40,000	（貸）	評　価　差　額	40,000

投資と資本の相殺消去

（借）	資本金当期首残高	500,000	（貸）	S　社　株　式	714,000
	資本剰余金当期首残高	240,000		非支配株主持分当期首残高 ^{*1}	288,000
	利益剰余金当期首残高	180,000			
	評　価　差　額	40,000			
	の　　れ　　ん ^{*2}	42,000			

＊1　（500,000千円＋240,000千円＋180,000千円＋40,000千円）×（1－70%）＝288,000千円

* 2　貸借差額

のれん償却

（借）　の　れ　ん　償　却 [*1] （利益剰余金当期変動額）	2,100	（貸）　の　　　れ　　　ん	2,100

*1　42,000千円÷20年＝2,100千円

のれん償却

のれん　42,000千円－2,100千円＝39,900千円

子会社の純利益の振り替え

（借）　非支配株主に帰属する当期純利益 [*1] （利益剰余金当期変動額）	15,000	（貸）　非支配株主持分当期変動額	15,000

*1　子会社の期首・期末の利益剰余金を比較すると40,000千円増加しているのがわかる。本問では配当金の支払いが行われているため，それを含めて純利益の増加を算定する。

利 益 剰 余 金

配　当　金	10,000	期　　　首	180,000
		純　利　益	50,000
期　　　末	220,000	（差　　　額）	

50,000千円×（1－70%）＝15,000千円

配当金の修正

（借）　受　取　配　当　金 [*1] （利益剰余金当期変動額） 非支配株主持分当期変動額 [*2]	7,000 3,000	（貸）　剰　余　金　の　配　当 （利益剰余金当期変動額）	10,000

*1　10,000千円×70%＝7,000千円

*2　10,000千円×（1－70%）＝3,000千円

　　　　　　　　　P社利益剰余金　　S社利益剰余金　　投資と資本の相殺消去　　のれん償却　　純利益の振替え　　配当金の修正

利益剰余金　340,000千円　＋　220,000千円　－　180,000千円　－　2,100千円－15,000千円－7,000千円

剰余金の配当

＋10,000千円＝365,900千円

増　　資　　従来の持分比率で処理

（借）　資　本　金　当　期　変　動　額 [*1] 非支配株主持分当期変動額	117,000 81,900	（貸）　非支配株主持分当期変動額 S　　社　　株　　式	117,000 81,900

*1　1,125株×104千円＝117,000千円

*2　117,000千円×70%＝81,900千円

増　　資　　株式の一部売却とみなす処理

（借）　S　　社　　株　　式 [*1]	27,300	（貸）　非支配株主持分当期変動額 [*2] 資本剰余金当期変動額 [*3]	22,340 4,960

*1　81,900千円－54,600千円＝27,300千円

*2　増資による支配率の変更

X株×70%＝8,400株

X株＝12,000株（増資前全発行済株式数）

$$\frac{8,400株＋525株}{12,000株＋1,125株}＝68\%$$

$(617,000千円＋240,000千円＋220,000千円＋40,000千円)×(70\%-68\%)=22,340千円$

＊3　貸借差額

　　　　　　　　　P社資本剰余金　　S社資本剰余金　投資と資本の相殺消去　　　増資
資本剰余金　300,000千円　＋　240,000千円　－　240,000千円　＋　4,960千円＝304,960千円
　　　　　　　投資と資本の相殺消去　　純利益の振替え　配当金の修正　　　増資
非支配株主持分：288,000千円　＋　　15,000千円　－　3,000千円＋57,440千円＝357,440千円

タイムテーブル

	X4年3月31日		X5年3月31日
支　　　　　配	70%	－2%	68%
資　　本　　金	500,000	＋117,000	617,000
資　本　剰　余　金	240,000		240,000
利　益　剰　余　金	180,000	＋50,000 －10,000	220,000
評　価　差　額	40,000		40,000
計	100%　960,000	×30%	100%　1,117,000
非支配株主持分	30%　288,000	純利益の振替　　　＋15,000 配当金の修正　　　－3,000 増資による変動（＋57,440）差額	32%　357,440
S　社　株　式	714,000	＋54,600（525株×104）	768,600
の　　れ　　ん	42,000	－2,100（42,000÷20年）	39,900

　上記のタイムテーブルで，当期首の非支配株主持分を計算する。X4年3月31日株主資本項目を見ると投資と資本の相殺消去の借方項目が並んでいるため，この合計に非支配株主持分割合30%を掛けることで非支配株主持分当期首残高288,000千円が算定できる。S社株式714,000千円と非支配株主持分288,000千円から株主資本合計額960,000千円を差し引くことで，のれん42,000千円が計算できる。同様に，X5年3月31日の非支配株主持分当期末残高も，株主資本合計額1,117,000千円に非支配株主持分割合32%を掛けることで357,440千円と算定できる。

問3　特殊商品売買

　本問は店頭・通信販売を一般販売，一部の商品を委託販売している企業を想定した問題である。委託販売については，期末に一括して売上原価を計上する方法により記帳を行っている。また，積送諸掛については商品積送時に発生する引取費と販売時に発生する手数料が含まれている。このうち，引取費については期末積送品棚卸高に対応する金額を次期に繰り延べる必要がある。引取費を積送品勘定に含める処理もあるが，商品有高帳の払出原価と積送品原価が不一致となり，複数の運送会社と契約した場合，積送諸掛勘定は統制勘定と類似した役割を有するため，本問のような処理が行われることがある。

　まず，一般販売の原価率を算定すること，仕入高から仕入単価を求めることで解答することができる。T勘定を使い原価率を計算すると次のようになる。手許商品の貸方側にある店頭販売3,500個，通信販売4,500個，期末棚卸数量300個の合計数量から期首棚卸数量290個を差し引くことで手許商品の仕入数量8,010個が計算できる。また，当期の積送品数量は2,000個であり，この分が仕入勘定から積送品勘定へ振り替えられているため，8,010個と2,000個を加算することで仕入総数量10,010個が計算できる。

また，961,200千円を8,010個で割ることで仕入単価120千円を求めることができる。仕入単価に数量を掛けることで，手許商品の金額をすべて計算することができる。

　通信販売売上は，次のような式から計算できる。

　X千円× 4 ％＝43,200千円

　X ＝1,080,000千円（決算整理前通信販売売上高）

（借）	仕	入	34,800	（貸）	繰 越 商 品	34,800
	繰 越 商 品		36,000		仕 入	36,000

　次に店頭販売と通信販売の原価率を求めるために，店頭販売の原価率を計算する。手許商品には，通信販売の売上原価も含まれているため，通信販売売上を店頭販売売上の売価に修正しなければならない。店頭販売の売価をベースにした通信販売売上は1,080,000千円÷（1 ＋20％）＝900,000千円になる。これで両者の原価率を計算すると次のようになる。

　店頭販売原価率　$\dfrac{420,000千円＋540,000千円}{700,000千円＋900,000千円}＝0.6（60％）$

　通信販売原価率　$\dfrac{60\％}{1 ＋20\％}＝0.5（50％）$

　期末積送品棚卸高は100個×120千円＝12,000千円と計算ができる。後は，期末積送品棚卸高12,000千円に修正を行う。積送品勘定を次のように作成することで，貸借差額により積送品売上原価246,000千円を算定できる。積送品売上原価246,000千円を一般販売の売価に修正し，さらに，一般売価の25％増しにすることで，積送品売上512,500千円を求めることができる。

　X千円×60％＝246,000千円

（借）	仕	入	246,000	（貸）	積 送 品	246,000

　X千円＝410,000千円（一般販売売価の積送品売上）

　410,000千円×（1 ＋25％）＝512,500千円（積送品売上）

積 送 品

前期繰越	18,000	売上原価	246,000
仕入	240,000	（差額）	
		次期繰越	12,000

積 送 品 売 上

→512,500

246,000÷60％×（1 ＋25％）

　積送品原価率　$\dfrac{60\％}{1 ＋25\％}＝0.48（48％）$

　最後に，期末積送品棚卸高に対応する引取費を次期に繰り延べる。決算整理前残高試算表の積送諸掛のうち，販売手数料の金額を計算して差し引く。512,500千円× 6 ％＝30,750千円と計算ができる。52,250千円から30,750千円を差し引くことで引取費21,500千円が求められる。引取費の中には，前期

末に繰り延べた積送諸掛額が再振替仕訳されているため注意が必要である。

　積送品数量は全部で2,150個であり，引取費は前期と同額であるから21,500千円を2,150個で割ることで1個当たりの引取費10千円が計算できる。後は，積送品の数量に引取費単価を掛けることで，当期の費用に属する20,500千円と次期に繰り延べる1,000千円が求められる。

<table>
<tr><th colspan="6" style="text-align:center">積送諸掛</th></tr>
<tr><td>150個</td><td>前　期</td><td>1,500</td><td></td><td>20,500</td><td>2,050個（差引）</td></tr>
<tr><td>2,000個</td><td></td><td>20,000</td><td></td><td></td><td></td></tr>
<tr><td></td><td></td><td></td><td>期　末</td><td>1,000</td><td>100個</td></tr>
</table>

（借）	繰 延 積 送 諸 掛	1,000	（貸）	積　送　諸　掛	1,000

問4　特殊仕訳帳

① 売掛金の開始仕訳の金額

　問題文に「X1年12月31日現在の売掛金期末残高は58,500円である」と記載されているため，期末残高と売掛金の元帳の金額を使い逆算で計算する。

<table>
<tr><th colspan="4" style="text-align:center">売　　掛　　金</th><th></th><th>3</th></tr>
<tr><td>1/1</td><td>開 始 残 高</td><td>①</td><td>70,000</td><td>8/2　普通仕訳帳</td><td>③　1,500</td></tr>
<tr><td>12/31</td><td>普通仕訳帳</td><td></td><td>113,000</td><td>12/31　普通仕訳帳</td><td>83,000</td></tr>
<tr><td></td><td colspan="3" style="text-align:center">（貸借差額）</td><td>〃　普通仕訳帳</td><td>40,000</td></tr>
<tr><td></td><td></td><td></td><td></td><td>〃　残　　　　高</td><td>58,500</td></tr>
</table>

② 資本金の開始仕訳の金額

　開始仕訳全体の金額から貸借差額で計算する。

	借　方　科　目	金　　額	貸　方　科　目	金　　額
開始仕訳	現　　　　金	50,000	開　始　残　高	136,000
	売　　掛　　金	70,000		
	繰　越　商　品	12,000		
	前　払　営　業　費	4,000		
	開　始　残　高	136,000	買　　掛　　金	44,000
			貸　倒　引　当　金	2,000
			資　　本　　金	（貸借差額）90,000

③ 8/2の貸倒金額

　8/2の取引は，これ以外になく，期中に普通仕訳帳へ記入され元帳に個別転記される。売掛金勘定を見ると，8/2の日付で取引が転記されている。この情報から貸倒れの金額であると推定できる。

④ 合計仕訳の仕入合計額

　仕入勘定の元帳から金額を読み取る。

⑤ 現金仕入の金額

　現金出納帳の合計仕訳より現金支払総額77,000円から買掛金33,000円と諸口（営業費）7,000円を差し引いて計算できる。

	借　方　科　目	金　　額	貸　方　科　目	金　　額
現金支払の 合計仕訳	買　　掛　　金 仕　　　　　入 諸　口（営　業　費）	33,000 （貸借差額）37,000 7,000	現　　　　　　金	77,000

⑥　手形仕入の金額

二重仕訳控除額合計は貸借一致する。二重仕訳控除額合計から内訳項目を差し引いた残額が手形仕入金額となる。

貸方側：$\underset{\text{現金売上}}{55{,}000円}+\underset{\text{現金仕入}}{37{,}000円}+\underset{\text{手形売上}}{90{,}000円}+\underset{\text{手形仕入}}{X円}=\underset{\text{二重仕訳控除合計}}{227{,}000円}\qquad \underset{\text{手形仕入}}{X円=45{,}000円}$

借方側：$\underset{\text{現金仕入}}{37{,}000円}+\underset{\text{現金売上}}{55{,}000円}+\underset{\text{手形売上}}{90{,}000円}+\underset{\text{手形仕入}}{X円}=\underset{\text{二重仕訳控除合計}}{227{,}000円}\qquad \underset{\text{手形仕入}}{X円=45{,}000円}$

⑦　二重仕訳控除額

二重仕訳控除額欄の借方側に227,000円と記載されている。二重仕訳控除額は借方と貸方の金額が一致するため，貸方側の金額も227,000円であることがわかる。

⑧　仕訳帳合計額から二重仕訳控除額を差し引いた金額

仕訳帳の合計金額がすべて明らかになれば，借方側の合計額，貸方側の合計額を計算し，一致しているか確かめる。仕訳帳の合計金額を計算すると下記のようになる。

借方側：$\underset{\text{現金}}{50{,}000円}+\underset{\text{売掛金}}{70{,}000円}+\underset{\text{繰越商品}}{12{,}000円}+\underset{\text{前払営業費}}{4{,}000円}+\underset{\text{開始残高}}{136{,}000円}+\underset{\text{営業費}}{4{,}000円}+\underset{\text{貸倒引当金}}{1{,}500円}+\underset{\text{現金借方合計}}{165{,}000円}+$

$\underset{\text{買掛金現金支払}}{33{,}000円}+\underset{\text{現金仕入}}{37{,}000円}+\underset{\text{諸口}}{7{,}000円}+\underset{\text{仕入借方合計}}{132{,}000円}+\underset{\text{現金売上}}{55{,}000円}+\underset{\text{掛け売上}}{113{,}000円}+\underset{\text{手形売上}}{90{,}000円}+\underset{\text{受取手形借方合計}}{130{,}000円}+$

$\underset{\text{手形仕入}}{45{,}000円}+\underset{\text{掛け手形振出し}}{15{,}000円}=\underset{\text{仕訳帳合計}}{1{,}099{,}500円}$

貸方側：$\underset{\text{開始残高}}{136{,}000円}+\underset{\text{買掛金}}{44{,}000円}+\underset{\text{貸倒引当金}}{2{,}000円}+\underset{\text{資本金}}{90{,}000円}+\underset{\text{前払営業費}}{4{,}000円}+\underset{\text{売掛金}}{1{,}500円}+\underset{\text{売掛現金回収}}{83{,}000円}+\underset{\text{現金売上}}{55{,}000円}+$

$\underset{\text{諸口}}{27{,}000円}+\underset{\text{現金貸方合計}}{77{,}000円}+\underset{\text{現金仕入}}{37{,}000円}+\underset{\text{掛け仕入}}{50{,}000円}+\underset{\text{手形仕入}}{45{,}000円}+\underset{\text{売上合計}}{258{,}000円}+\underset{\text{手形売上}}{90{,}000円}+\underset{\text{掛け手形回収}}{40{,}000円}+$

$\underset{\text{支払手形合計}}{60{,}000円}=\underset{\text{仕訳帳合計}}{1{,}099{,}500円}$

$\underset{\text{仕訳帳合計}}{1{,}099{,}500円}-\underset{\text{二重仕訳控除合計}}{227{,}000円}=\underset{\text{差引額}}{872{,}500円}$

⑨　現金勘定の元帳の借方金額

現金出納帳を特殊仕訳帳として採用しているため，現金勘定は親勘定となる。そのため，現金勘定は現金出納帳で借方合計の金額を計算して，合計額を普通仕訳帳へ記入し，その後，元帳へ合計転記される。したがって，普通仕訳帳の現金借方合計165,000円が元帳へ転記されることになる。

⑩　買掛金勘定の元帳の貸方金額

買掛金勘定の増加は，修正仕訳を除き掛け仕入の時のみである。仕入帳から合計仕訳で普通仕訳帳に記帳された買掛金の金額を貸借差額で計算する。

	借　方　科　目	金　　額	貸　方　科　目	金　　額
仕入の 合計仕訳	仕　　　　　入	132,000	現　　　　　　金 買　　掛　　金 支　払　手　形	37,000 （貸借差額）50,000 45,000

月	日	摘　　　　　　　　要	元丁	借方金額	貸方金額
1	1	諸　　口　（開始残高）			136,000
		（現　　　　金）		50,000	
		（売　掛　金）		70,000	
		（繰　越　商　品）		12,000	
		（前 払 営 業 費）		4,000	
		開　始　仕　訳			
		（開始残高）　　諸　　　　口		136,000	
		（買　掛　金）			44,000
		（貸 倒 引 当 金）			2,000
		（資　本　金）			90,000
		開　始　仕　訳			
	〃	（営　業　費）		4,000	
		（前 払 営 業 費）			4,000
		再　振　替　仕　訳			
8	2	（貸 倒 引 当 金）		1,500	
		（売　掛　金）			1,500
		前期に発生した売掛金の貸倒れ			
		合　　計　　仕　　訳			
12	31	（現　　　　金）　　諸　　　　口		165,000	
		（売　掛　金）			83,000
		（売　　　　上）	✓		55,000
		（諸　　　　口）	✓		27,000
		現 金 出 納 帳 よ り			
	〃	諸　　口　（現　　　　金）			77,000
		（買　掛　金）		33,000	
		（仕　　　　入）	✓	37,000	
		（諸　　　　口）	✓	7,000	
		現 金 出 納 帳 よ り			
	〃	（仕　　　　入）　　諸　　　　口		132,000	
		（現　　　　金）	✓		37,000
		（買　掛　金）			50,000
		（支　払　手　形）	✓		45,000
		仕　入　帳　よ　り			
	〃	諸　　口　（売　　　　上）			258,000
		（現　　　　金）	✓	55,000	
		（売　掛　金）		113,000	
		（受　取　手　形）	✓	90,000	
		売　上　帳　よ　り			

〃	（受取手形）	諸　　　口	✓	130,000	
		（売　　　上）	✓		90,000
		（売　掛　金）			40,000
	受取手形記入帳より				
〃	諸　　　口	（支払手形）			60,000
	（仕　　　入）		✓	45,000	
	（買　掛　金）			15,000	
	支払手形記入帳より				
		合　　　計		1,099,500	1,099,500
		二重仕訳控除額		227,000	227,000
		差　　　引		872,500	872,500

現　金　　　1

1/1	開始残高	50,000	12/31 普通仕訳帳	77,000
12/31	普通仕訳帳	165,000		

受　取　手　形　　　2

12/31 普通仕訳帳	130,000		

売　掛　金　　　3

1/1	開始残高	70,000	8/2 普通仕訳帳	1,500
12/31	普通仕訳帳	113,000	12/31 普通仕訳帳	83,000
			〃 普通仕訳帳	40,000

繰　越　商　品　　　4

1/1 開始残高	12,000		

前　払　営　業　費　　　5

1/1	開始残高	4,000	1/1 普通仕訳帳	4,000

支　払　手　形　　　6

		12/31 普通仕訳帳	60,000

買　掛　金　　　7

12/31 普通仕訳帳	33,000	1/1 開始残高	44,000
〃 普通仕訳帳	15,000	12/31 普通仕訳帳	50,000

貸　倒　引　当　金　　　8

8/2 普通仕訳帳	1,500	1/1 開始残高	2,000

資　本　金　　　9

		1/1 開始残高	90,000

売　　　上　　　10

		12/31 普通仕訳帳	258,000

受　取　手　数　料　　　11

		9/30 現金出納帳	27,000

仕　　　入　　　12

12/31 普通仕訳帳	132,000		

営　業　費　　　13

1/1 普通仕訳帳	4,000		
10/5 現金出納帳	7,000		

〔**第 三 問**〕 **決算整理後残高試算表の作成**（仕訳単位：円）

本問は決算整理後残高試算表の作成を問う総合問題である。

I 決算整理前残高試算表の空欄の金額

資本金 70,000,000円（貸借差額），輸出売上高 4,805,000円

II 決算整理仕訳等

1 現金預金

(1) 現 金

① 先日付小切手

（借）	受 取 手 形	200,000	（貸）	現　　　　金	200,000

② E社株式（投資有価証券）を所有し，その他資本剰余金の処分による配当金

（借）	現　　　　金	20,000	（貸）	投 資 有 価 証 券	20,000

③ 支払期限到来済みのC社社債の利札

（借）	現　　　　金	62,100	（貸）	有 価 証 券 利 息	62,100

④ 実際有高と帳簿残高の照合

（借）	現　　　　金	300	（貸）	雑　　　　益	300

決算日現在，現金の実際有高と帳簿残高が不一致であり，原因が明らかでないため，不明の場合は実際有高と帳簿残高の差額を「雑損」または「雑益」として処理する。

現　　　金				現金（実査）			
帳 簿 残 高	1,006,200	先日付小切手	200,000	通貨・小切手	1,006,500	先日付小切手	200,000
配当金領収証	20,000			配当金領収証	20,000		
C社社債利札	62,100	修正後帳簿残高	888,300	C社社債利札	62,100	修正後実際有高	888,600

+300円

(2) 当座預金

AAA銀行

① B商品の引取運賃の誤記帳

（借）	商 店 仕 入 高 *1	1,000	（貸）	当 座 預 金	1,100
（〃）	仮 払 消 費 税 等 *2	100			

＊1 1,100円÷（1＋10%）＝1,000円（税抜）
＊2 1,000円×10%＝100円

② 不渡手形

（借）	破 産 更 生 債 権 等 *1	600,000	（貸）	当 座 預 金	600,000

＊1 本問は問題の指示により「不渡手形」を「破産更生債権等」として処理する。

③ 未渡小切手

（借）	当 座 預 金	30,000	（貸）	買　掛　金	30,000

④　未渡小切手

（借）　当　座　預　金	50,000	（貸）　未　　払　　金	50,000

⑤　翌日入金

（借）　仕　訳　不　要		（貸）	

⑥　未取付小切手

（借）　仕　訳　不　要		（貸）	

CCC銀行

①　未記帳の取引

（借）　支　払　手　形	500,000	（貸）　当　座　預　金	500,000

②　未落込み（未取付）の小切手

（借）　仕　訳　不　要		（貸）	

　　AAA銀行とCCC銀行の修正前当座預金残高は各自計算となっており，AAA銀行の買掛金支払いの小切手の金額も各自計算となっている。そのため，CCC銀行の修正前当座預金残高を逆算で計算した後，AAA銀行の修正前当座預金残高を計算し買掛金支払いの小切手の金額を明らかにする。

AAA銀行		当　座　預　金			AAA銀行残高		
修正前帳簿残高	8,715,810	仕入（税込）	1,100	残高証明書	7,992,710	未取付小切手	98,000
買掛金（差額）	30,000	破産更生債権等	600,000	時間外預入	300,000		
未　払　金	50,000	修正後帳簿残高	8,194,710 ◀			←	8,194,710

　　AAA銀行修正前帳簿残高　前T/B当座預金11,621,080円−CCC銀行2,905,270円＝AAA銀行8,715,810円

CCC銀行		当　座　預　金			CCC銀行残高		
修正前帳簿残高	2,905,270	支　払　手　形	500,000	残高証明書 2,445,270		未取付小切手	40,000
		修正後帳簿残高	2,405,270 ◀			←	2,405,270

(3)　外貨建預金

（借）　外　貨　建　預　金	22,000	（貸）　為　替　差　損　益 *1	22,000

　　＊1　（7,000ドル×138円）−944,000円＝＋22,000円

2　受取手形

　U社の割引手形の買戻し金（「6　仮払金」を参照）

（借）　破　産　更　生　債　権　等	200,000	（貸）　仮　　払　　金	200,000

3　国内売掛金

（借）　国　内　売　上　高 *1	20,000	（貸）　売　　掛　　金	22,000
（〃）　仮　受　消　費　税　等 *2	2,000		

　　＊1　22,000円÷（1＋10%）＝20,000円（税抜）
　　＊2　20,000円×10%＝2,000円

4 外貨建売掛金

輸出売上の収益の認識基準は検収基準のため，検収日の為替相場から輸出売上高を計算する。

(1) 輸出取引

① 2月10日（処理済み）

| (借) 外 貨 建 売 掛 金 | 2,025,000 | (貸) 輸 出 売 上 高 *1 | 2,025,000 |

＊1　15,000ドル×135円＝2,025,000円

② 3月15日（処理済み）

| (借) 外 貨 建 預 金 *1 | 670,000 | (貸) 外 貨 建 売 掛 金 *2 | 675,000 |
| (〃) 為 替 差 損 益 *3 | 5,000 | | |

＊1　5,000ドル×134円＝670,000円
＊2　5,000ドル×135円＝675,000円
＊3　貸借差額

③ 3月20日（処理済み）

| (借) 外 貨 建 売 掛 金 | 2,780,000 | (貸) 輸 出 売 上 高 *1 | 2,780,000 |

＊1　20,000ドル×139円＝2,780,000円

④ 3月30日（処理済み）

| (借) 外 貨 建 預 金 | 274,000 | (貸) 契 約 負 債 *1 | 274,000 |

＊1　2,000ドル×137円＝274,000円

⑤ 3月31日

| (借) 為 替 差 損 益 *1 | 20,000 | (貸) 外 貨 建 売 掛 金 | 20,000 |

＊1　(20,000ドル×138円) −2,780,000円＝△20,000円
　　　2月10日の外貨建売掛金残高10,000ドルは為替予約を行ったため，決算日の為替相場で換算しない。

⑥ 3月31日（振当処理による為替予約・未処理事項も含む）

| (借) 為 替 差 損 益 *1 | 10,000 | (貸) 外 貨 建 売 掛 金 | 10,000 |
| (〃) 外 貨 建 売 掛 金 *2 | 70,000 | (〃) 前 受 収 益 | 70,000 |

＊1　直直差額：10,000ドル×（135円−134円）＝10,000円
＊2　直先差額：10,000ドル×（141円−134円）＝70,000円

| (借) 前 受 収 益 *1 | 35,000 | (貸) 為 替 差 損 益 | 35,000 |

＊1　$70,000円×\dfrac{1ヵ月}{2ヵ月}＝35,000円$

5 棚卸資産

(1) A商品

売価による期末帳簿棚卸高の計算

　下記のようなA商品のボックス（T勘定）を作成し，期末帳簿棚卸高売価を差額で計算する。期末帳簿棚卸高売価から原価額を算定するために，売価還元原価法原価率を計算する。また，商品評価損を算定するために売価還元低価法原価率も計算する。

商品（売価）帳簿

期　　　　首	3,200,000	売　　　　上	54,520,000
当 期 仕 入	35,520,000	売 上 返 品 △	20,000
原 始 値 入 額	15,208,000		
値　　　　上	9,000,000		
値 上 取 消 △	528,000		
値　　　　下 △	4,150,000		
値 下 取 消	250,000	期末（差額）	4,000,000

売価還元原価法原価率

$$\frac{1,920,000円 + 35,520,000円}{3,200,000円 + 35,520,000円 + 15,208,000円 + 9,000,000円 - 528,000円 - 4,150,000円 + 250,000円} = 64\%$$

売価還元低価法原価率

$$\frac{1,920,000円 + 35,520,000円}{3,200,000円 + 35,520,000円 + 15,208,000円 + 9,000,000円 - 528,000円} = 60\%$$

① 見本品

（借）	その他営業費（見本品費）＊1	6,400	（貸）	商 品 仕 入 高	6,400

＊1　10,000円（売価）×64% = 6,400円

② 売上原価

（借）	商 品 仕 入 高	1,920,000	（貸）	繰 越 商 品	1,920,000
（〃）	繰 越 商 品 ＊1	2,553,600	（〃）	商 品 仕 入 高	2,553,600
（〃）	棚 卸 減 耗 損 ＊2	57,600	（〃）	繰 越 商 品	57,600
（〃）	商 品 評 価 損 ＊3	156,000	（〃）	繰 越 商 品	156,000

＊1　(4,000,000円 − 10,000円)×64% = 2,553,600円

＊2　(期末帳簿棚卸高（売価）3,990,000円 −（実地棚卸高（売価）3,880,000円 + 20,000円))×64% = 57,600円

＊3　実地棚卸高（売価）3,900,000円×(64% − 60%) = 156,000円

③ 税効果会計

（借）	繰 延 税 金 資 産 ＊1	46,800	（貸）	法 人 税 等 調 整 額	46,800

＊1　156,000円×30% = 46,800円

(2) B商品

（借）	繰 越 商 品 ＊1	1,196,000	（貸）	商 品 仕 入 高	1,196,000

＊1　当期仕入高（3,863,000円 + 1,000円）÷1,680個 = 2,300円／個
期末帳簿数量：当期仕入数量1,680個 −（販売数量500個 + 660個）= 520個
520個×2,300円／個 = 1,196,000円

6　仮払金

（借）	仮 払 消 費 税 等	600,000	（貸）	仮 　 払 　 金	900,000
（〃）	仮 払 法 人 税 等	300,000			

7　有価証券

(1)　A社株式

（借）　売買目的有価証券	91,200	（貸）　有価証券評価損益 [1]	91,200

　　＊1　（時価）200株×22ドル×138円 − （帳簿）200株×20ドル×129円＝91,200円

(2)　B社株式（その他有価証券）

（借）　投 資 有 価 証 券 [1]	75,000	（貸）　繰 延 税 金 負 債 [2]	22,500
		（〃）　その他有価証券評価差額金 [3]	52,500

　　＊1　（時価）775,000円 − （帳簿）700,000円＝75,000円
　　＊2　75,000円×30％＝22,500円
　　＊3　75,000円×（1 − 30％）＝52,500円

(3)　C社社債（満期保有目的債券）

（借）　投 資 有 価 証 券 [3]	1,186,800	（貸）　投 資 有 価 証 券 [1]	1,096,500
		（〃）　有 価 証 券 利 息 [2]	13,600
		（〃）　為 替 差 損 益 [4]	76,700

　　＊1　8,500ドル×129円＝1,096,500円
　　＊2　（9,000ドル − 8,500ドル）÷ 5 年＝100ドル
　　　　　100ドル×136円＝13,600円
　　＊3　（8,500ドル ＋ 100ドル）×138円＝1,186,800円
　　＊4　貸借差額

(4)　D社株式（関連会社株式）

（借）　関係会社株式評価損 [1]	460,000	（貸）　関 連 会 社 株 式	460,000

　　＊1　（諸資産4,660,000円 − 諸負債3,300,000円）×25％＝340,000円
　　　　　実質価額340,000円 − 帳簿800,000円＝△460,000円

(5)　E社株式（その他有価証券）

（借）　繰 延 税 金 資 産 [2]	7,500	（貸）　投 資 有 価 証 券 [1]	25,000
（〃）　その他有価証券評価差額金 [3]	17,500		

　　＊1　（時価）505,000円 − （帳簿）（550,000円 − 20,000円）＝△25,000円
　　＊2　25,000円×30％＝7,500円
　　＊3　25,000円×（1 − 30％）＝17,500円

8　有形固定資産

(1)　建物の減価償却

（借）　減 価 償 却 費 [1]	2,000,000	（貸）　建物減価償却累計額	2,000,000

　　＊1　50,000,000円÷25年＝2,000,000円

(2)　機械の減価償却

（借）　減 価 償 却 費 [1]	1,600,000	（貸）　機械減価償却累計額	1,600,000

　　＊1　$7,200,000円 \times \dfrac{8 年}{1 + 2 + 3 + 4 + 5 + 6 + 7 + 8} = 1,600,000円$

(3) 車両の減価償却

（借）	減 価 償 却 費 *1	480,000	（貸）	車両減価償却累計額	480,000

＊1　$4,000,000円 × 0.9 × \dfrac{12,000km}{90,000km} = 480,000円$

(4) 備品A

（借）	減 価 償 却 費 *1	216,000	（貸）	器具備品減価償却累計額	216,000

＊1　償却率 $\dfrac{1}{5年} × 200\% = 0.4$（40%）　前期末減価償却累計額900,000円 × 40% = 360,000円

　　（900,000円 − 360,000円）× 40% = 216,000円

(5) 備品B

（借）	減 価 償 却 費 *1	65,536	（貸）	器具備品減価償却累計額	65,536

＊1　償却率 $\dfrac{1}{10年} × 200\% = 0.2$（20%）　保証額1,000,000円 × 0.06552 = 65,520円

　　（1,000,000円 − 737,856円）× 20% ≒ 52,428円 ⇒　52,428円 ＜ 65,520円 ∴改定償却率で計算

　　（1,000,000円 − 737,856円）× 25% = 65,536円

(6) 備品C

（借）	器具備品減価償却累計額 *1	15,000	（貸）	繰 越 利 益 剰 余 金	15,000
（〃）	減 価 償 却 費 *2	45,000	（〃）	器具備品減価償却累計額	45,000

＊1　（360,000円 ÷ 6年）−（360,000円 ÷ 8年）= 15,000円

＊2　360,000円 ÷ 8年 = 45,000円

(7) 土地の減損

（借）	減 損 損 失 *1	712,040	（貸）	土 　 　 　 　 地	712,040

＊1　認識　帳簿価額7,200,000円 ＞ 割引前将来C/F（800,000円 × 5年 + 3,000,000円）∴減損の認識有

　　正味売却価額　6,600,000円 − 150,000円 = 6,450,000円

　　使用価値： $\dfrac{800,000円}{(1+2\%)} + \dfrac{800,000円}{(1+2\%)^2} + \dfrac{800,000円}{(1+2\%)^3} + \dfrac{800,000円}{(1+2\%)^4} + \dfrac{3,800,000円}{(1+2\%)^5} ≒ 6,487,960円$

　　使用価値の方が正味売却価額よりも高いため使用価値を回収可能価額とする。

　　減損損失　7,200,000円 − 6,487,960円 = 712,040円

(8) 税効果会計

（借）	繰 延 税 金 資 産 *1	213,612	（貸）	法 人 税 等 調 整 額	213,612

＊1　712,040円 × 30% = 213,612円

9　退職給付

(1) 退職給付費用

（借）	人件費（退職給付費用）*1	3,975,000	（貸）	退 職 給 付 引 当 金	3,975,000

＊1　利息費用：72,500,000円 × 3% = 2,175,000円

　　長期期待運用収益：33,000,000円 × 2% = 660,000円

　　退職給付費用：2,460,000円 + 2,175,000円 − 660,000円 = 3,975,000円

(2) 費用となる過去勤務費用

（借） 人件費（退職給付費用）＊1	500,000	（貸） 退 職 給 付 引 当 金	500,000

＊1　過去勤務費用の償却　5,000,000円 － 4,500,000円 ＝ 500,000円

（発生額　　　未償却額　　　前期償却額）

5,000,000円 ÷ X年 ＝ 500,000円　　　X＝10年

　未認識過去勤務費用を計算するためには，期首残高となる退職給付債務，年金資産，退職給付引当金を整理して，貸借差額で求める。決算整理前残高試算表の退職給付引当金31,000,000円は退職一時金1,000,000円と年金基金への拠出額3,000,000円が差し引かれているため，金額を期首残高に修正する必要がある。

退職給付引当金（期首）

年 金 資 産	33,000,000	退 職 給 付 債 務	72,500,000
未認識過去勤務費用	4,500,000		
退職給付引当金 →	35,000,000		

31,000,000円 ＋ 1,000,000円 ＋ 3,000,000円

(3) 税効果会計

（借） 繰 延 税 金 資 産 ＊1	10,642,500	（貸） 法 人 税 等 調 整 額	10,642,500

＊1　（31,000,000円 ＋ 3,975,000円 ＋ 500,000円）×30％ ＝ 10,642,500円

10　貸倒引当金

(1) 一般債権（売上債権）

（借） 貸 倒 引 当 金 繰 入 ＊1	88,300	（貸） 貸 倒 引 当 金	88,300

＊1　{受取手形（22,000,000円 ＋ 200,000円）＋ 売掛金（16,522,000円 － 22,000,000円 － 500,000円）＋

外貨建売掛金（4,130,000円 － 20,000円 － 10,000円 ＋ 70,000円）}　×1％ ＝ 423,700円（貸倒引当金）

1,844,276円 － 1,508,876円（下記(2)貸倒懸念債権を参照）＝ 335,400円

423,700円 － 335,400円 ＝ 88,300円

(2) 貸倒懸念債権

（借） 貸 倒 引 当 金 ＊1	739,645	（貸） 貸 倒 引 当 金 戻 入	739,645

＊1　20,000,000円 ÷ $(1.04)^2$ ≒ 18,491,124円

20,000,000円 － 18,491,124円 ＝ 1,508,876円（前期貸倒引当金）

20,000,000円 ÷ 1.04 ≒ 19,230,769円

20,000,000円 － 19,230,769円 ＝ 769,231円（貸倒引当金）

1,508,876円 － 769,231円 ＝ 739,645円（戻入）

(3) 破産更生債権等

（借） 破 産 更 生 債 権 等	500,000	（貸） 売 　 掛 　 金	500,000
（〃） 貸 倒 引 当 金 繰 入 ＊1	900,000	（〃） 貸 倒 引 当 金	900,000

＊1　（600,000円 ＋ 200,000円 ＋ 500,000円）－ 土地の担保400,000円 ＝ 900,000円（貸倒引当金）

(4) 税効果会計

（借） 繰 延 税 金 資 産 ＊1	627,879	（貸） 法 人 税 等 調 整 額	627,879

＊1　（423,700円 ＋ 769,231円 ＋ 900,000円）×30％ ≒ 627,879円

11　賞与引当金

(1)　賞与引当金繰入

(借)	人件費(賞与引当金繰入) *1	2,160,000	(貸)	賞 与 引 当 金	2,160,000
(〃)	人件費(法定福利費) *2	324,000	(〃)	未 払 費 用	324,000

*1　$3,240,000円 \times \dfrac{4 ヵ月}{6 ヵ月} = 2,160,000円$

*2　$2,160,000円 \times 15\% = 324,000円$

(2)　税効果会計

(借)	繰 延 税 金 資 産 *1	745,200	(貸)	法 人 税 等 調 整 額	745,200

*1　$(2,160,000円 + 324,000円) \times 30\% = 745,200円$

12　転換社債

(1)　社債利息(償却原価法)

(借)	社 債 利 息 *1	250,000	(貸)	社　　　　　　　債	250,000

*1　$(額面25,000,000円 - 帳簿価額23,750,000円) \div 5 年 = 250,000円$

(2)　権利行使

(借)	社　　　　　　　債 *1	14,400,000	(貸)	資　　本　　金	15,150,000
(〃)	新 株 予 約 権 *2	750,000			

*1　$(23,750,000円 + 250,000円) \times \dfrac{15,000,000円}{25,000,000円} = 14,400,000円$

*2　$1,250,000円 \times \dfrac{15,000,000円}{25,000,000円} = 750,000円$

13　ストック・オプション

(借)	人件費(株式報酬費用) *1	81,000	(貸)	新 株 予 約 権	81,000

*1　$(60名 - 6 名) \times 1 個 \times 4,000円 \times \dfrac{9 ヵ月}{24 ヵ月} = 81,000円$

14　税金の計算

(1)　法人税等

(借)	法人税, 住民税及び事業税 *1	748,439	(貸)	仮 払 法 人 税 等	300,000
			(〃)	未 払 法 人 税 等	448,439

*1　(総収益60,310,545円 - 総費用59,591,445円) = 税引前当期純利益719,100円
　　税引前当期純利益719,100 × 30% + 法人税等調整額532,709円 = 748,439円

(2)　消費税

(借)	仮 受 消 費 税 等 *1	4,359,600	(貸)	仮 払 消 費 税 等	3,800,740
			(〃)	未 払 消 費 税 等 *1	558,860

*1　仮受消費税等 (4,361,600円 - 2,000円) - 仮払消費税等 (3,200,640円 + 100円 + 600,000円)
　　= 558,860円

(3)　税効果会計　解消

(借)	法 人 税 等 調 整 額	11,743,282	(貸)	繰 延 税 金 資 産	11,743,282

繰延税金資産

期　　　首	11,743,282			11,743,282
商品評価損	46,800			
投資有価証券	7,500			
減 損 損 失	213,612			
退 職 給 付	10,642,500			
貸倒引当金	627,879			
賞与引当金	745,200	期　　　末		12,283,491

繰延税金負債

	投資有価証券	22,500
期　　　末	22,500	

法人税等調整額

11,743,282		46,800
		213,612
		10,642,500
		627,879
		745,200
損　　　益　　532,709		

【資料3】決算整理後残高試算表（単位：円）

借　方　科　目	金　額	貸　方　科　目	金　額
現　　　　　　　　金	888,600	支　払　手　形	16,400,000
当　座　預　金	10,599,980	買　　掛　　金	22,060,000
外　貨　建　預　金	966,000	契　約　負　債	274,000
受　取　手　形	22,200,000	賞　与　引　当　金	2,160,000
売　　掛　　金	16,000,000	未　　払　　金	50,000
外　貨　建　売　掛　金	4,170,000	未　払　費　用	324,000
売買目的有価証券	607,200	前　受　収　益	35,000
繰　越　商　品	3,536,000	未　払　法　人　税　等	448,439
建　　　　　　　物	50,000,000	未　払　消　費　税　等	558,860
機　　　　　　　械	7,200,000	その他流動負債	1,126,284
車　　　　　　　両	4,000,000	貸　倒　引　当　金	2,092,931
器　具　備　品	2,260,000	建物減価償却累計額	2,000,000
土　　　　　　　地	29,287,960	機械減価償却累計額	1,600,000
投　資　有　価　証　券	2,466,800	車両減価償却累計額	880,000
関　連　会　社　株　式	340,000	器具備品減価償却累計額	1,469,392
破　産　更　生　債　権　等	1,300,000	社　　　　　債	9,600,000
繰　延　税　金　資　産	12,283,491	退　職　給　付　引　当　金	35,475,000
長　期　貸　付　金	20,000,000	繰　延　税　金　負　債	22,500
商　品　仕　入　高	37,548,000	資　　本　　金	85,150,000
棚　卸　減　耗　損	57,600	繰　越　利　益　剰　余　金	5,260,255
商　品　評　価　損	156,000	その他有価証券評価差額金	35,000
人　　件　　費	14,040,500	新　株　予　約　権	581,000
減　価　償　却　費	4,406,536	国　内　売　上　高	54,500,000
貸　倒　引　当　金　繰　入	988,300	輸　出　売　上　高	4,805,000
そ　の　他　営　業　費	806,900	有　価　証　券　利　息	75,700
社　債　利　息	250,000	有　価　証　券　評　価　損　益	91,200
手　形　売　却　損	165,569	為　替　差　損　益	98,700
関係会社株式評価損	460,000	貸　倒　引　当　金　戻　入	739,645
減　損　損　失	712,040	雑　　　　益	300
法人税, 住民税及び事業税	748,439	法　人　税　等　調　整　額	532,709
合　　計	248,445,915	合　　計	248,445,915

第 3 回
LEC東京リーガルマインド
出題者の意図

〔第 一 問〕

　本支店会計は，連結会計と並んで，簿記論でコンスタントに出題される学習テーマですが，直近では第71回の本試験を最後に出題されていないため，今回（第74回）の予想として取り上げました。難易度としては平易なレベルに抑えてありますので，本支店間の未達取引の整理，本店及び支店の帳簿上の決算手続，合併精算表上で行う内部取引の相殺や内部利益の控除などの合併整理，その結果としての合併財務諸表の作成といった基本的なポイントをしっかり確認しておいて下さい。また，有価証券と純資産会計は簿記論の頻出項目ですが，昨年は出題がほぼなかったため，非常に重要性が高いといえます。

〔第 二 問〕

　ストック・オプションについては，条件変更がある場合の処理を押さえておきましょう。

　収益認識会計については，昨年の本試験では出題されていませんが，日商簿記1級（商業簿記・会計学）では既に頻出テーマとなりつつあり，今後は簿記論においても継続的に様々な関連項目の出題が予想されるため，しっかり準備しておく必要があるでしょう。

　また，資産除去債務及び企業結合会計は出題サイクルの観点から要注意であり，事業分離会計とともに，しっかり押さえておきましょう。

〔第 三 問〕

　本問は，2月末残高試算表から，問題文に示された3月中の取引及び決算整理事項等に基づき，決算整理後残高試算表を作成する総合問題です。近年の第三問（実務家作成問題）は，問題文に示された取引事実等を迅速かつ的確に理解し，あるべき会計処理を迅速に導き出す応用力が要求されるものとなっています。そこで，そうした傾向と過去の出題を分析し，債権債務，銀行勘定調整，減価償却等といった実務における頻出重要項目のほか，棚卸資産の評価，貸倒引当金，有価証券，退職給付会計，税効果会計など会計理論の基礎的な理解度を問うものを取り上げ，作成しました。制限時間内でいかに効率よく得点を伸ばすかを意識して，復習して下さい。

合格ライン

〔第一問〕　14～15点
〔第二問〕　11～12点
〔第三問〕　21～23点
〔合　計〕　46～50点

解 答

〔第 一 問〕 −25点−

問1

(1)

支店 ❶☆ [8,305] 千円　　　本店へ売上 ❶☆ [17,500] 千円

(2)

支店勘定の次期繰越高 ❶ [31,960] 千円

(3)

① ❶☆ 90,570 千円	② ❶☆ 18,710 千円
③ ❶☆ 本 店	④ ❶☆ 1,495 千円
⑤ ❶☆ 支 店	⑥ ❶ 16,045 千円
⑦ ❶ 23,655 千円	⑧ ❶☆ 39,840 千円
⑨ ❶☆ 143,640 千円	⑩ ❶☆ 3,440 千円
⑪ ❶☆ 120 千円	⑫ ❶☆ 45,650 千円

問2

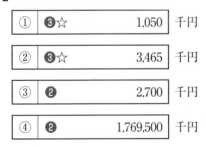

① ❸☆ 1,050 千円
② ❸☆ 3,465 千円
③ ❷ 2,700 千円
④ ❷ 1,769,500 千円

〔第 二 問〕 −25点−

問1

公正な評価単価	❸☆	7,500	円
株式報酬費用	❸	7,540	千円

問2

①	❷☆	93	千円
②	❷☆	500	千円
③	❷	525	千円

問3

ケース①	❸☆	5,783	千円
ケース②	❷	4,603	千円

問4

①	❷	210,000	千円
②	❷☆	8,000	千円
③	❷☆	366,980	千円

純資産額

	❷	240,000	千円

〔第 三 問〕 －50点－

（単位：円）

1	68,112,112 ❶	16	1,520,400 ❷
2	58,780,000 ❷☆	17	50,038,000 ❷☆
3	53,720,000 ❶	18	42,694,100 ❷☆
4	32,120,000 ❷☆	19	46,712 ❷☆
5	21,700,000 ❷	20	24,025,000 ❷☆
6	221,600 ❷	21	5,180,000 ❶
7	4,762,800 ❷☆	22	14,900,000 ❷☆
8	21,603,000 ❷☆	23	98,400 ❶
9	2,190,000 ❷☆	24	84,000,000 ❶☆
10	4,590,000 ❶	25	140,000 ❷☆
11	439,080,000 ❷	26	159,600 ❶
12	138,467,488 ❷	27	144,000,000 ❷☆
13	380,000 ❶	28	101,600 ❷☆
14	2,536,800 ❷	29	1,439,200 ❶
15	1,380,000 ❶	30	180,000 ❷

LEC解答・解説

〔第 一 問〕 (単位：千円)

問1

1 未達取引

(1) 本店

（借）現 金 預 金	200	（貸）支 店	200

(2) 本店

（借）支 店	1,900	（貸）売 掛 金	1,900 ※

※ 下記の勘定分析の（＊4）を参照

(3) 支店

（借）本 店 へ 売 上	950	（貸）本 店	950
（借）買 掛 金	760	（貸）仕 入	760 ※

※ 950×原価率80％＝760

(4) 本店

（借）支 店 よ り 仕 入	1,875	（貸）支 店	1,875

(5) 支店

（借）営 業 費	90 ※	（貸）本 店	90

※ 540－450＝90

＜本店＞

支 店

前T/B	(＊3)8,480	未達(1)	200
未達(2)	(＊4)1,900	未達(4)	1,875
			8,305 ◀

＜支店＞

本 店

		前T/B	(＊2)7,265
		未達(3)	950
8,305 ────▶		未達(5)	90

支店より仕入

前T/B	15,625		
未達(4)	1,875	17,500 ────	

本店へ売上

未達(3)	950	前T/B	(＊1)18,450
	17,500	──────▶ 17,500	

（＊1） 支店より仕入勘定と本店へ売上勘定が17,500で一致することから，本店へ売上勘定の差額で算定

（＊2） 上記（＊1）判明後，前T/Bの差額で算定

（＊3） 本店の期首商品の内部利益1,760が判明後，前T/Bの差額で算定
本店の期首商品の内部利益：【資料3】1より，（16,600－7,800）×（100％－原価率80％）＝1,760

（＊4） 上記（＊2）（＊3）判明後，支店勘定と本店勘定が8,305で一致することから，支店勘定の差額で算定

《参考》決算整理前残高試算表

決算整理前残高試算表

(単位：千円)

勘定科目	本店	支店	勘定科目	本店	支店
現 金 預 金	15,565	6,430	買 掛 金	10,680	28,970
売 掛 金	26,400	28,000	借 入 金	17,500	9,300
繰 越 商 品	16,600	25,000	貸 倒 引 当 金	500	420
建 物	35,000	15,000	繰 延 内 部 利 益	1,760	—
備 品	2,500	7,000	建物減価償却累計額	18,500	11,800
支 店	8,480	—	備品減価償却累計額	1,420	2,800
仕 入	48,000	96,400	本 店	—	7,265
支 店 よ り 仕 入	15,625	—	資 本 金	30,000	—
営 業 費	17,300	18,600	利 益 準 備 金	3,700	—
支 払 利 息	600	375	繰 越 利 益 剰 余 金	1,310	—
			売 上	100,700	117,800
			本 店 へ 売 上	—	18,450
合 計	186,070	196,805	合 計	186,070	196,805

2　決算整理及び修正に関する事項

(1)　本店

〔売上原価の算定〕

(借) 仕 入	16,600	(貸) 繰 越 商 品	16,600
(借) 繰 越 商 品	17,075 ※	(貸) 仕 入	17,075

※　15,200＋未達商品1,875＝17,075

〔貸倒引当金〕

(借) 貸 倒 引 当 金	10 ※	(貸) 貸 倒 引 当 金 戻 入	10

※　(前T/B売掛金26,400－未達1,900)×2％－前T/B貸倒引当金500＝490－500＝△10

〔減価償却等〕

(借) 減 価 償 却 費	1,050 ※1	(貸) 建物減価償却累計額	1,050
(借) 備 品	400 ※2	(貸) 備 品	800
備品減価償却累計額	160 ※3		
減 価 償 却 費	120 ※4		
特 別 損 失	120 ※5		
－備品売却損－			
(借) 減 価 償 却 費	420 ※6	(貸) 備品減価償却累計額	420

※1　前T/B建物35,000×0.9÷30年＝1,050

※2　備品売却代金

※3　800÷5年＝160

※4　$800 ÷ 5年 × \dfrac{9ヵ月}{12ヵ月} = 120$

LEC解答・解説

129

※5　仕訳の差額

※6　（前T/B備品2,500＋400－800）÷5年＝420

〔営業費の未払〕

（借）営　業　費	30	（貸）未　払　営　業　費	30

(2)　支店

〔売上原価の算定〕

（借）仕　　　　　入	25,000	（貸）繰　越　商　品	25,000
（借）繰　越　商　品	30,070	（貸）仕　　　　　入	30,070

〔貸倒引当金〕

（借）貸　倒　引　当　金　繰　入	140	（貸）貸　倒　引　当　金	140 ※

※　前T/B売掛金28,000×2％－前T/B貸倒引当金420＝560－420＝140

〔減価償却〕

（借）減　価　償　却　費	450 ※1	（貸）建物減価償却累計額	450
（借）減　価　償　却　費	1,400 ※2	（貸）備品減価償却累計額	1,400

※1　前T/B建物15,000×0.9÷30年＝450

※2　前T/B備品7,000÷5年＝1,400

〔営業費の未払〕

（借）営　業　費	20	（貸）未　払　営　業　費	20

《参考》決算整理後残高試算表

決算整理後残高試算表 （単位：千円）

勘　定　科　目	本　店	支　店	勘　定　科　目	本　店	支　店
現　金　預　金	15,765	6,430	買　　掛　　金	10,680	28,210
売　　掛　　金	24,500	28,000	借　　入　　金	17,500	9,300
繰　越　商　品	17,075	30,070	未　払　営　業　費	30	20
建　　　　　物	35,000	15,000	貸　倒　引　当　金	490	560
備　　　　　品	2,100	7,000	繰　延　内　部　利　益	1,760	—
支　　　　　店	8,305	—	建物減価償却累計額	19,550	12,250
仕　　　　　入	47,525	90,570	備品減価償却累計額	1,680	4,200
支　店　よ　り　仕　入	17,500	—	本　　　　　店	—	8,305
営　　業　　費	17,330	18,710	資　　本　　金	30,000	—
貸　倒　引　当　金　繰　入	—	140	利　益　準　備　金	3,700	—
減　価　償　却　費	1,590	1,850	繰　越　利　益　剰　余　金	1,310	—
支　払　利　息	600	375	売　　　　　上	100,700	117,800
特　別　損　失	120	—	本　店　へ　売　上	—	17,500
			貸　倒　引　当　金　戻　入	10	—
合　　　計	187,410	198,145	合　　　計	187,410	198,145

3 損益勘定

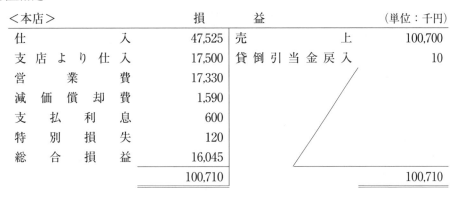

<本店>	損		益	（単位：千円）
仕　　　　　入	47,525	売　　　　　上		100,700
支 店 よ り 仕 入	17,500	貸 倒 引 当 金 戻 入		10
営　　業　　費	17,330			
減 価 償 却 費	1,590			
支 払 利 息	600			
特 別 損 失	120			
総 合 損 益	16,045			
	100,710			100,710

〔本店の純損益の振替〕

（借）損 益	16,045	（貸）総 合 損 益	16,045

<支店>	損		益	（単位：千円）
仕　　　　　入	① 90,570	売　　　　　上		117,800
営　　業　　費	② 18,710	本 店 へ 売 上		17,500
貸 倒 引 当 金 繰 入	140			
減 価 償 却 費	1,850			
支 払 利 息	375			
③本　　　　　店	23,655			
	135,300			135,300

〔支店の純損益の振替（資本振替)〕

（借）損 益	23,655	（貸）本 店	23,655

<本店>	総 合 損 益			（単位：千円）
繰 延 内 部 利 益 控 除	④ (*1)1,495	損　　　　　益	⑥	16,045
繰 越 利 益 剰 余 金	39,965	⑤支　　　　　店	⑦	23,655
		繰 延 内 部 利 益 戻 入	(*2)	1,760
	41,460			41,460

（＊1）【資料3】1より，（5,600＋未達商品1,875）×（100％－原価率80％）＝1,495

（＊2）【資料3】1より，（前T/B繰越商品16,600－7,800）×（100％－原価率80％）＝1,760

〔本店における支店純損益の受入〕

（借）支 店	23,655	（貸）総 合 損 益	23,655

支店勘定の次期繰越高（設問(2)）：8,305（上記1の勘定分析を参照）＋支店純利益23,655＝31,960

4　本支店合併損益計算書

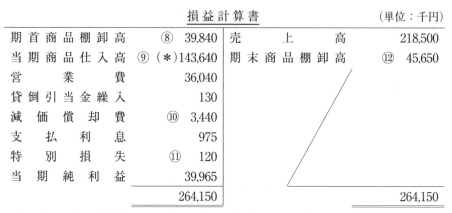

損 益 計 算 書　　　　　　　（単位：千円）

期 首 商 品 棚 卸 高	⑧	39,840	売　　　上　　　高		218,500
当 期 商 品 仕 入 高	⑨	（＊）143,640	期 末 商 品 棚 卸 高	⑫	45,650
営　　業　　費		36,040			
貸 倒 引 当 金 繰 入		130			
減 価 償 却 費	⑩	3,440			
支　払　利　息		975			
特　別　損　失	⑪	120			
当 期 純 利 益		39,965			
		264,150			264,150

（＊）　前T/B仕入（本店）48,000＋前T/B仕入（支店）96,400－未達760＝143,640

〔支店勘定と本店勘定の相殺消去（合併精算表上の処理)〕

（借）本　　　　　　店	8,305	（貸）支　　　　　　店	8,305 ※

※　上記1の勘定分析を参照

合併整理において相殺消去されるべき支店勘定の金額（設問(1)）：8,305

〔内部取引高の相殺消去（合併精算表上の処理)〕

（借）本 店 へ 売 上	17,500	（貸）支 店 よ り 仕 入	17,500 ※

※　上記1の勘定分析を参照

合併整理において相殺消去されるべき本店へ売上勘定の金額（設問(1)）：17,500

〔内部利益の控除〕

期首商品棚卸高：本店16,600－内部利益1,760（上記3　総合損益勘定を参照）＋支店25,000

＝39,840

期末商品棚卸高：本店15,200＋未達商品1,875－内部利益1,495（上記3　総合損益勘定を参照）

＋支店30,070＝45,650

《参考》　本支店合併貸借対照表

貸 借 対 照 表　　　　　　　（単位：千円）

現　金　預　金	22,195	買　　掛　　金	38,890
売　　掛　　金	52,500	借　　入　　金	26,800
商　　　　品	45,650	未 払 営 業 費	50
建　　　　物	50,000	貸 倒 引 当 金	1,050
備　　　　品	9,100	建物減価償却累計額	31,800
		備品減価償却累計額	5,880
		資　　本　　金	30,000
		利 益 準 備 金	3,700
		繰 越 利 益 剰 余 金	41,275
	179,445		179,445

問2　（単位：千円）
（注）　下記の番号は問題の【資　料】に対応
2　期中取引等
　(2)　株式分割（株式分割は自己株式に対しても割当がある。）
　　　　Ｘ社における付替計算：500株×@180÷（500株×1.6）＝@112.5（800株）
　　　　Ｙ社における付替計算：34,400÷（200株×1.6）＝@107.5（320株）
　(3)　売　却

| （借）現　金　預　金 | 34,800[※1] | （貸）投資有価証券 | 33,750[※2] |
| | | 投資有価証券売却益 | 1,050[※3] |

　　　※1　300株*×@116＝34,800
　　　　　＊　500株×0.6＝300株（残りは500株，56,250千円）
　　　※2　300株*×@112.5＝33,750
　　　※3　34,800－33,750＝1,050
　(4)　自己株式の追加取得

| （借）自　己　株　式 | 11,800 | （貸）現　金　預　金 | 11,800 |

　　　Ｙ社における付替計算：（34,400＋100株×@118）÷（320株＋100株）＝46,200÷420株＝@110
　(5)　新株予約権の権利行使による自己株式の処分

（借）現　金　預　金	34,200[※1]	（貸）自　己　株　式	33,000[※3]
新　株　予　約　権	1,500[※2]	その他資本剰余金	2,700[※4]
		－自己株式処分差益－	

　　　※1　10個×30株×@114＝300株×@114＝34,200
　　　※2　6,000÷40個×10個＝1,500
　　　※3　300株×@110＝33,000
　　　※4　34,200＋1,500－33,000＝2,700
　(6)　Ｘ社によるＹ社株式の追加取得

| （借）投資有価証券 | 12,000 | （貸）現　金　預　金 | 12,000 |

　　　　Ｘ社における付替計算：（500株×@112.5＋100株×@120）÷（500株＋100株）
　　　　　　　　　　　　　　　　＝（56,250＋12,000）÷600株＝68,250÷600株＝@113.75
3　当期末
　Ｘ社

| （借）投資有価証券 | 4,950[※1] | （貸）繰延税金負債 | 1,485 |
| | | その他有価証券評価差額金 | 3,465[※2] |

　　　※1　（@122－@113.75）×600株＝4,950（評価差益）
　　　※2　4,950×（100％－30％）＝3,465
　Ｙ社

| （借）損　　　　　益 | 100,000 | （貸）繰越利益剰余金 | 100,000 |

　　　自己株式の残高＝（420株－300株）×@110＝13,200
　　　株主資本の額＝1,000,000＋500,000＋2,700＋100,000＋（80,000＋100,000）－13,200＝1,769,500
　　　　　　　　　　　　　　　　　その他資本剰余金　　　　　　　　当期純利益　　自己株式

〔第 二 問〕

問1 （単位：千円）

1 Ｘ１年度の処理

| (借) 株 式 報 酬 費 用 | 7,250※ | (貸) 新 株 予 約 権 | 7,250 |

※ ＠7.5（＊）×＠50個×（60名－2名）×$\frac{8\,ヵ月}{24\,ヵ月}$＝7,250

（＊） ストック・オプションの公正な評価単価：＠7,500円（解答）

公正な評価単価×＠50個×（60名－2名）×$\frac{8\,ヵ月}{24\,ヵ月}$＝7,250【資 料】3）

∴ 公正な評価単価＝＠7.5

2 Ｘ２年度の処理

| (借) 株 式 報 酬 費 用 | 7,540※ | (貸) 新 株 予 約 権 | 7,540 |

(1) 対象勤務期間の延長

条件変更前の残存期間における費用計上予定額を，新たな残存期間にわたり費用計上する。

＜付与分（条件変更前）＞

当期の費用計上額：21,750$^{(*1)}$×$\frac{12\,ヵ月^{(*2)}}{24\,ヵ月^{(*3)}}$－7,250＝$\underline{3,625}$

期首～条件変更日に係る部分については変更前の付与条件に基づき算定する。

（＊1） ストック・オプションの公正な評価額：＠7.5×＠50個×（60名－2名）＝21,750

（＊2） 当初の対象勤務期間のうち条件変更日までの期間：12ヵ月（Ｘ１年8月～Ｘ２年7月）

（＊3） 当初の対象勤務期間：24ヵ月（Ｘ１年8月～Ｘ３年7月）

＜付与分（条件変更後）＞

当期の費用計上額：10,875$^{(*4)}$×$\frac{8\,ヵ月^{(*6)}}{24\,ヵ月^{(*7)}}$＝$\underline{3,625}$

（＊4） 費用計上予定額：21,750（＊1）－10,875（＊5）＝10,875

（＊5） 条件変更日までの費用計上額：7,250＋3,625＝10,875

（＊6） 条件変更日から残存期間のうち当期末までの期間：8ヵ月（Ｘ２年8月～Ｘ３年3月）

（＊7） 条件変更日からの残存期間：24ヵ月（Ｘ２年8月～Ｘ４年7月）

(2) 条件変更日の評価単価7.8 ＞ 付与日の評価単価7.5

追加的な費用計上を行う。

＜条件変更による価値増加分＞

当期の費用計上額：870$^{(*8)}$×$\frac{8\,ヵ月^{(*6)}}{24\,ヵ月^{(*7)}}$＝$\underline{290}$

（＊8） 条件変更による公正な評価額の増加額：＠0.3（＊9）×＠50個×（60名－2名）＝870

（＊9） 条件変更日の評価単価＠7.8－付与日の評価単価＠7.5＝＠0.3

3 当期の費用計上額合計

付与分（条件変更前）3,625＋付与分（条件変更後）3,625＋価値増加分290＝7,540（解答）

問2　(単位：千円)
1　（ケース１）について
　　製品Ａ，製品Ｂ，製品Ｃ，製品Ｄおよび製品Ｅを販売する場合，①製品Ａ，Ｂの組合せ販売，②製品Ｃ，Ｄ，Ｅの組合せ販売となる。それぞれの組合せ販売価格の合計額と当該契約の取引価格2,400を比較し，取引全体に対する値引の有無を検討する。
　　①の組合せ販売価格：製品Ａ280＋製品Ｂ320－200＝400
　　②の組合せ販売価格：製品Ｃ800＋製品Ｄ1,000＋製品Ｅ600－400＝2,000
　　①と②の合計額が当該契約の取引価格と等しくなるため，取引全体に対する値引は生じていない。
　　したがって，それぞれの組合せ販売による値引額を，各製品の独立販売価格の比率で配分すればよい。

履行義務	独立販売価格	配分された値引額	配分された取引価格
製品Ａ	280	(＊1)93	187
製品Ｂ	320	107	213
合　計	600	200	400
製品Ｃ	800	133	667
製品Ｄ	1,000	167	833
製品Ｅ	600	(＊2)100	(＊3)500
合　計	2,400	400	2,000

（＊１）　$200 \times \dfrac{製品Ａの独立販売価格280}{600} ≒ 93$（四捨五入）…解答①

（＊２）　$400 \times \dfrac{製品Ｅの独立販売価格600}{2,400} = 100$

（＊３）　製品Ｅの独立販売価格600－値引額100＝500…解答②

2　（ケース２）について
　　製品Ｄ，製品Ｅおよび製品Ｆを販売する場合，①製品Ｄ，Ｅの組合せ販売，②製品Ｆの販売となる。製品Ｆの独立販売価格は大きく変動するため，残余アプローチを使用して，製品Ｆの独立販売価格を当該契約の取引価格2,000から①の組合せ販売価格を控除することで見積る。
　　①の組合せ販売価格：製品Ｄ1,000＋製品Ｅ600－200＝1,400
　　製品Ｆの独立販売価格：2,000－①1,400＝600
　　なお，残余アプローチの使用の際には，製品Ｆに配分された価格が観察可能な販売価格の範囲内であることが求められるが，製品Ｆに配分された価格600は，観察可能な販売価格（300～800）の範囲内であるため，ここでの残余アプローチの使用に問題はない。
　　したがって，製品Ｄ，製品Ｅの組合せ販売による値引額を，各製品の独立販売価格の比率で配分する。

履行義務	独立販売価格	配分された値引額	配分された取引価格
製品Ｄ	1,000	125	875
製品Ｅ	600	(＊1)75	(＊2)525
合　計	1,600	200	1,400

$$（＊1）\quad 200\times\frac{製品\mathrm{E}の独立販売価格600}{1,600}=75$$

（＊2）　製品Eの独立販売価格600－値引額75＝525…解答③

《参考》

　　残余アプローチとは，財又はサービスの独立販売価格を直接観察できない場合の当該独立販売価格の見積方法の1つである（「収益認識に関する会計基準の適用指針」31項(3)）。

　　契約における取引価格の総額から観察可能な独立販売価格の合計額を控除して見積る方法であり，原則として，販売価格が大きく変動する場合または販売価格が確定していない場合にのみ使用できる。

　　なお，独立販売価格の見積方法には，市場価格を見積る方法や原価に適切な利益を加算する方法などもあるが，いずれにせよ問題文の指示等により判断すればよい。

問3　（単位：千円）

1　X1年4月1日（参考）

（借）機　械　装　置	12,000[※2]	（貸）現　金　預　金	10,000
		資　産　除　去　債　務	2,000[※1]

※1　資産除去債務の計上額：$2,165\div(1.02)^4\fallingdotseq2,000$
※2　機械装置の計上額：10,000＋2,000＝12,000

2　X2年3月31日（参考）

（借）利　息　費　用	40[※1]	（貸）資　産　除　去　債　務	40
（借）減　価　償　却　費	3,000[※2]	（貸）減　価　償　却　累　計　額	3,000

※1　利息費用：$2,000\times2\%=40$
※2　減価償却費：$12,000\div4$年$=3,000$

3　X3年3月31日（参考）

（借）利　息　費　用	41[※1]	（貸）資　産　除　去　債　務	41
（借）減　価　償　却　費	3,000[※2]	（貸）減　価　償　却　累　計　額	3,000

※1　利息費用：$(2,000+40)\times2\%\fallingdotseq41$
※2　減価償却費：$12,000\div4$年$=3,000$

4　X4年3月31日（ケース①）

（借）利　息　費　用	42[※1]	（貸）資　産　除　去　債　務	42
（借）減　価　償　却　費	3,000[※2]	（貸）減　価　償　却　累　計　額	3,000
（借）機　械　装　置	330	（貸）資　産　除　去　債　務	330[※3]

※1　利息費用：$(2,000+40+41)\times2\%\fallingdotseq42$
※2　減価償却費：$12,000\div4$年$=3,000$
※3　見積額の増加による資産除去債務の調整：$(2,500-2,165)\div1.015\fallingdotseq330$
　　　割引前の将来CFに重要な見積りの変更が生じ，当該CFが増加する場合，変更時点の割引率を適用する。

解答金額：$(6,000-3,000+330)＋(2,081+42+330)＝\underline{5,783}$

5　X４年３月31日（ケース②）

（借）利　息　費　用	42 ※1	（貸）資　産　除　去　債　務	42
（借）減　価　償　却　費	3,000 ※2	（貸）減　価　償　却　累　計　額	3,000
（借）資　産　除　去　債　務	260	（貸）機　械　装　置	260 ※3

※1　利息費用：（2,000＋40＋41）×２％≒42

※2　減価償却費：12,000÷４年＝3,000

※3　見積額の減少による資産除去債務の調整：（2,000＋40＋41＋42）－1,900÷1.02≒260
　　　割引前の将来ＣＦに重要な見積りの変更が生じ，当該ＣＦが減少する場合には，負債計上時点の割引率を適用する。

解答金額：（6,000－3,000－260）＋（2,081＋42－260）＝<u>4,603</u>

問4　（単位：千円）

1　空欄の算定（吸収合併が取得の場合）

(1)　Ｘ１年３月31日の個別貸借対照表

貸　借　対　照　表
Ｘ１年３月31日
（単位：千円）

科　　　目	A社	B社	科　　　目	A社	B社
諸　　資　　産	400,000	① 210,000	諸　　負　　債	230,000	140,000
		―	資　　本　　金	100,000	差額 36,000
			資　本　剰　余　金	15,000	10,000
			利　益　剰　余　金	53,000	23,000
			その他有価証券評価差額金	2,000	1,000
	400,000	210,000		400,000	210,000

B社の諸資産：209,000＋1,000＝210,000

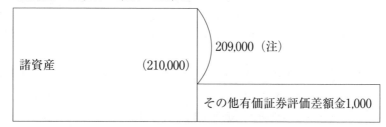

（注）　その他有価証券評価差額金を含む諸資産の簿価
　　　　B社の諸資産の時価222,000（下記(2)※１参照）－13,000（【資料】2(3)）＝209,000

(2)　Ｘ１年４月１日の貸借対照表（合併直後）
　　　吸収合併（取得）の会計処理

（借）諸　　　資　　　産	222,000 ※1	（貸）諸　　　負　　　債	140,000
の　　　れ　　　ん	8,000 ※3	資　　　本　　　金	30,000 ※2
		資　　本　　剰　　余　　金	60,000 ※2
（借）諸　　　負　　　債	3,020	（貸）諸　　　資　　　産	3,020 ※4

※1　B社の諸資産の時価（＝X）

$400,000 + X - 3,020 （※4）= 618,980$　∴　$X = 222,000$

※2　パーチェス法の取得原価：@18×5,000株 = 90,000

　　　資本剰余金計上額（合併前後のA社の資本剰余金の差額）：75,000 - 15,000 = 60,000

　　　資本金計上額：90,000 - 60,000 = 30,000

※3　のれん：90,000 -（222,000 - 140,000）= 90,000 - 82,000 = 8,000

※4　貸付金（借入金）3,000 + 未収利息*（未払利息）20 = 3,020

$$* \quad 貸付金（借入金）3,000 \times 2\% \times \frac{4ヵ月}{12ヵ月} = 20$$

貸 借 対 照 表

A社　　　　　　　　　　X1年4月1日　　　　　　　　　（単位：千円）

科　　　目	金　額	科　　　目	金　額
諸　　資　　産	618,980	諸　　負　　債	③ 366,980
の　　れ　　ん	② 8,000	資　　本　　金	130,000
		資　本　剰　余　金	75,000
		利　益　剰　余　金	53,000
		その他有価証券評価差額金	2,000
	626,980		626,980

2　吸収合併が共同支配企業の形成の場合

(1)　共同支配企業の形成

　　「共同支配企業」とは，複数の独立した企業により共同で支配される企業をいい，「共同支配企業の形成」とは，複数の独立した企業が契約等に基づき，共同支配企業を形成する企業結合をいう。また，共同支配企業を共同で支配する企業を「共同支配投資企業」という。

　　ある企業結合を共同支配企業の形成と判定するためには，共同支配投資企業となる企業が，複数の独立した企業から構成されていること及び共同支配となる契約等を締結していることに加え，支払対価のすべてが，原則として，議決権のある株式であること及び支配関係を示す一定の事実が存在しないことが要件とされている（簿記論の受験学習上，判定要件の詳細を知る必要はない）。

　　このような要件を満たすと判定された企業結合，すなわち共同支配企業の形成は，持分の結合（すべての結合当事企業の持分が継続している）とされ，共同支配企業は資産及び負債を企業結合直前に付されていた適正な帳簿価額により計上することとなる。

(2)　会計処理（A社）

　　本問は，甲社と乙社が契約に基づき，互いの子会社（A社とB社）を合併し，存続会社であるA社を共同で支配するというもの（共同支配企業の形成と判定された吸収合併）である。

　　よって，共同支配企業であるA社は，B社の資産及び負債を適正な帳簿価額で引き継ぐこととなる。

(借) 諸　　資　　産	210,000[※1]	(貸) 諸　　負　　債	140,000
		資　　本　　金	36,000[※1]
		資　本　剰　余　金	10,000
		利　益　剰　余　金	23,000
		その他有価証券評価差額金	1,000
(借) 諸　　負　　債	3,020	(貸) 諸　　資　　産	3,020[※2]

※1　上記1(1)参照

※2　上記1(2)※4参照

※3　株主資本項目の取扱いは，払込資本として処理するのが原則であるが，直前の内訳項目をそのまま引き継ぐことも認められる（ここでは，そのまま引き継ぐ処理を示している）。

　　　また，評価・換算差額等については，直前の適正な簿価をそのまま引き継ぐ。

(3)　Ｘ１年４月１日（吸収合併（共同支配企業の形成）直後）の個別貸借対照表

個別貸借対照表

Ａ社　　　　　　　　　　Ｘ１年４月１日　　　　　　（単位：千円）

科　　目	金　額	科　　目	金　額
諸　　資　　産	606,980	諸　　負　　債	366,980
		資　　本　　金	136,000
		資　本　剰　余　金	25,000
		利　益　剰　余　金	76,000
		その他有価証券評価差額金	3,000
	606,980		606,980

純資産額＝606,980－366,980＝240,000（解答）

〔第 三 問〕 （単位：円）

(注) 「（税込）」の取引に係る消費税額＝税込額 $\times \dfrac{0.1}{1.1}$

I 主要勘定の集計 （「‥‥」より下は，決算整理）

A商品売上

借方		貸方	
		2/28	528,200,000
		売掛	28,680,000
		受手	14,340,000
		現預	4,780,000

売 掛 金

借方		貸方	
2/28	50,587,000	貸倒	462,000
A売上	31,548,000	受手	23,223,000
B売上	11,950,000	現預	16,400,000
B売上	7,800,000	B売上	7,200,000
現預	90,000	破更	970,000

受 取 手 形

借方		貸方	
2/28	60,283,000	裏書	2,142,000
A売上	15,774,000	現預	37,138,000
売掛	23,223,000		
		破更	1,220,000

B商品売上

借方		貸方	
		2/28	131,450,000
		売掛	11,950,000
売掛	7,200,000	売掛	7,800,000

仮受消費税等

借方		貸方	
貸倒	42,000	2/28	52,256,000
		売掛	2,868,000
		受手	1,434,000
		現預	478,000

仮払消費税等

借方		貸方	
2/28	52,441,600	戻し	128,000
買掛	2,064,000		
支手	938,000		
現預	436,000		
買掛	866,000		
販管	560,000		
販管	38,000		

支 払 手 形

借方		貸方	
現預	21,589,000	2/28	49,031,000
		A仕入	10,318,000
		買掛	12,740,000
現預	462,000		

買 掛 金

借方		貸方	
戻し	1,408,000	2/28	41,726,100
支手	12,740,000	A仕入	22,704,000
裏書	2,142,000	B仕入	9,526,000
現預	15,539,000		
		現預	567,000

A商品仕入

借方		貸方	
2/28	364,980,000	戻し	1,280,000
買掛	20,640,000		
支手	9,380,000		
現預	4,360,000		
繰A	73,500,000	繰A	33,820,000
商評	1,320,000		

現 金 預 金

借方		貸方	
2/28	65,273,112	A仕入	4,796,000
A売上	5,258,000	買掛	15,539,000
売掛	16,400,000	支手	21,589,000
受手	37,138,000	販管	6,260,000
現預	3,840,000	販管	6,160,000
		建仮	1,260,000
		現預	3,840,000
未渡	567,000	販管	418,000
短借	50,000	売掛	90,000
		支手	462,000

販売費管理費

借方		貸方	
2/28	125,477,488		
現預	6,260,000		
現預	5,600,000		
現預	380,000		
未払	750,000		

B商品仕入

借方		貸方	
2/28	95,340,000		
買掛	8,660,000		
繰B	18,500,000	繰B	21,700,000

Ⅱ　3月中の取引の仕訳

1　商品売買

(1)　仕　入

（借）A 商 品 仕 入　20,640,000 　　　仮 払 消 費 税 等　2,064,000	（貸）買　　　掛　　　金　22,704,000	
（借）A 商 品 仕 入　9,380,000 　　　仮 払 消 費 税 等　938,000	（貸）支　払　手　形　10,318,000	
（借）A 商 品 仕 入　4,360,000 　　　仮 払 消 費 税 等　436,000	（貸）現　金　預　金　4,796,000	
（借）B 商 品 仕 入　8,660,000 　　　仮 払 消 費 税 等　866,000	（貸）買　　　掛　　　金　9,526,000	

(2)　売　上

（借）売　　　掛　　　金　31,548,000	（貸）A 商 品 売 上　28,680,000 　　　仮 受 消 費 税 等　2,868,000
（借）受　取　手　形　15,774,000	（貸）A 商 品 売 上　14,340,000 　　　仮 受 消 費 税 等　1,434,000
（借）現　金　預　金　5,258,000	（貸）A 商 品 売 上　4,780,000 　　　仮 受 消 費 税 等　478,000
（借）売　　　掛　　　金　11,950,000	（貸）B 商 品 売 上　11,950,000

(3)　戻　し

（借）買　　　掛　　　金　1,408,000	（貸）A 商 品 仕 入　1,280,000 　　　仮 払 消 費 税 等　128,000

2　債権・債務

(1)　買掛金

（借）買　　　掛　　　金　12,740,000	（貸）支　払　手　形　12,740,000
（借）買　　　掛　　　金　2,142,000	（貸）受　取　手　形　2,142,000
（借）保 証 債 務 費 用　17,000	（貸）保　証　債　務　17,000
（借）買　　　掛　　　金　15,539,000	（貸）現　金　預　金　15,539,000

(2)　売掛金

（借）貸 倒 引 当 金　420,000 　　　仮 受 消 費 税 等　42,000	（貸）売　　　掛　　　金　462,000
（借）受　取　手　形　23,223,000	（貸）売　　　掛　　　金　23,223,000
（借）現　金　預　金　16,400,000	（貸）売　　　掛　　　金　16,400,000

(3)　手　形

（借）支　払　手　形　21,589,000	（貸）現　金　預　金　21,589,000
（借）現　金　預　金　37,138,000	（貸）受　取　手　形　37,138,000

3 販売費管理費

（借）販 売 費 管 理 費	6,260,000	（貸）現 金 預 金	6,260,000
（借）販 売 費 管 理 費 　　　仮 払 消 費 税 等	5,600,000 560,000	（貸）現 金 預 金	6,160,000

4 建物改良費の内金支払

（借）建 設 仮 勘 定	1,260,000	（貸）現 金 預 金	1,260,000

5 現金預入

（借）現 金 預 金	3,840,000	（貸）現 金 預 金	3,840,000

※　この仕訳は，本問の解答上，必ずしも必要ではない。

Ⅲ　決算整理等

1 A商品

（借）A 商 品 仕 入	73,500,000	（貸）繰 越 A 商 品	73,500,000
（借）繰 越 A 商 品	33,820,000 [*6]	（貸）A 商 品 仕 入	33,820,000
（借）商 品 棚 卸 減 耗 費 　　　商 品 評 価 損	380,000 [*7] 1,320,000 [*8]	（貸）繰 越 A 商 品	1,700,000
（借）A 商 品 仕 入	1,320,000	（貸）商 品 評 価 損	1,320,000

* 1　受入売価総額：$98,000,000 + （398,080,000 + 127,790,000） + （28,860,000 - 6,730,000）$
　　　　　　　　　 $- （30,100,000 - 4,600,000） = 620,500,000$
* 2　期末商品帳簿棚卸高（売価）：$620,500,000 - 576,000,000 （売上） = 44,500,000$
* 3　棚卸減耗費（売価）：$44,500,000 - 44,000,000 = 500,000$
* 4　原価法原価率：$（73,500,000 + 398,080,000） ÷ 受入売価総額（*1）620,500,000 = 0.76$
* 5　低価法原価率：$（73,500,000 + 398,080,000）$
　　　　　　　　　 $÷ \{98,000,000 + （398,080,000 + 127,790,000） + （28,860,000 - 6,730,000）\} = 0.73$
* 6　期末商品帳簿棚卸高（原価）：$44,500,000 × 0.76 = 33,820,000$
* 7　棚卸減耗費（原価）：$500,000 × 0.76 = 380,000$
* 8　商品評価損：$44,000,000 × （0.76 - 0.73） = 1,320,000$

2 B商品

（借）売 掛 金	7,800,000	（貸）B 商 品 売 上	7,800,000 [*1]
（借）B 商 品 売 上	7,200,000 [*2]	（貸）売 掛 金	7,200,000
（借）B 商 品 仕 入	18,500,000	（貸）繰 越 B 商 品	18,500,000
（借）繰 越 B 商 品	21,700,000 [*5]	（貸）B 商 品 仕 入	21,700,000

* 1　前期中に出庫されていたが，前期末までに船積み（ふなづみ）されなかったもの：
　　　→前期末に取り消した掛売上を，当期首にまた出庫時の状態に戻すため，再度，計上する。
　　　　本来であれば，期首に再振替として処理すべきものである。
* 2　当期中に出庫されていたが，当期末までに船積みされなかったもの：
　　　→出庫時の掛売上を取り消す。

倉 庫 商 品			
期首	13,040,000	出庫	100,380,000
仕入	104,000,000	期末	16,660,000

未 船 積 品			
期首	5,460,000	船積み高 （売上原価）	100,800,000
		出庫	100,380,000
		期末	5,040,000

未船積品：出庫したが，まだ船積みされていない商品

倉庫商品＋未船積品			
倉庫商品 未船積品	18,500,000	船積み高 （売上原価）	105,840,000
仕 入	104,000,000	未船積品	
		倉庫商品	16,660,000

B 商品売上			
船積み 完了高 （売上）	144,000,000	未船積	7,800,000
		出庫高 期中の 掛売上	143,400,000
未船積	7,200,000		
151,200,000		151,200,000	

＊3 原価率：105,840,000 ÷ 151,200,000 = 0.7

＊4 期末の未船積品の原価：7,200,000 × 0.7 = 5,040,000

＊5 期末商品：16,660,000 + 5,040,000 = 21,700,000

＊6 期首未船積品原価：7,800,000 × 0.7 = 5,460,000（本問の解答上は特に算定する必要はない。）

3 銀行勘定の調整

（借）販 売 費 管 理 費	380,000	（貸）現 金 預 金	418,000				
仮 払 消 費 税 等	38,000						
（借）売 掛 金	90,000	（貸）現 金 預 金	90,000 ＊1				
（借）支 払 手 形	462,000	（貸）現 金 預 金	462,000				
（借）現 金 預 金	567,000 ＊2	（貸）買 掛 金	567,000				
（借）現 金 預 金	50,000	（貸）短 期 借 入 金	50,000 ＊3				

（当社） 当 座 預 金			
調整前	353,000	販管費	418,000
未渡	567,000	売掛	90,000
		支手	462,000
		調整後	△50,000

（銀行） 当 座 預 金			
調整前	288,000	未取付	674,000
時間外	336,000		
		調整後	△50,000

＊1 誤記入の経緯は判明しないが，調整表の「加算」に記載されているところから，仕訳の貸借は判断できる。

＊2 「未交付」＝「渡していない」

＊3 調整後の残高がマイナス残高で一致する。→当座借越

4 保証債務及び引当金

(1) 保証債務

（借）保 証 債 務 費 用	29,712	（貸）保 証 債 務	29,712

L
E
C
解
答
・
解
説

143

$3,714,000 \times 0.8\% = 29,712$

(2) 貸倒引当金

（借） 破 産 更 生 債 権 等	2,190,000	（貸） 受 取 手 形	1,220,000
		売 掛 金	970,000
（借） 貸 倒 引 当 金 繰 入 額	1,380,000 *4	（貸） 貸 倒 引 当 金	1,380,000
（借） 繰 延 税 金 資 産	60,000 *5	（貸） 法 人 税 等 調 整 額	60,000

* 1 破産更生債権等の貸倒見積額：$2,190,000 - 1,590,000$（担保）$= 600,000$
* 2 一般債権の貸倒見積額：（受取手形$58,780,000$ ＋ 売掛金$53,720,000$）$\times 0.8\% = 900,000$
* 3 設定額：$600,000 + 900,000 = 1,500,000$
* 4 繰入額：$1,500,000 - (540,000 - 貸倒420,000) = 1,380,000$
* 5 $300,000 \times 30\% - 100,000 \times 30\% = $ 当期末税金資産$90,000 - $ 前期末税金資産$30,000 = 60,000$

(3) 退職給付引当金

（借） 退 職 給 付 引 当 金	120,000	（貸） 退 職 給 付 費 用	120,000 *1
（借） 繰 延 税 金 資 産	120,000 *3	（貸） 法 人 税 等 調 整 額	120,000

* 1 数理計算上の差異（＊2）の費用処理：$\{800,000 - 200,000 = 600,000$（貸方差異）$\} \div 5$ 年 $= 120,000$
* 2 数理計算上の差異
  退職給付債務より発生額：$54,600,000 - 55,400,000 = \triangle 800,000$（貸方差異）
  年金資産より発生額：$40,180,000 - 40,380,000 = \triangle 200,000$（借方差異）
* 3 $14,900,000\ (= 15,020,000 - 120,000) \times 30\% - 14,500,000 \times 30\%$
  $=$ 当期末税金資産$4,470,000 - $ 前期末税金資産$4,350,000 = 120,000$

5　受け取った請求書について

（借） 建 物 附 属 設 備	3,024,000 *3	（貸） 未 払 金	4,242,000 *1
固 定 資 産 除 却 損	756,000 *4	建 設 仮 勘 定	1,260,000 *2
投 資 有 価 証 券	972,000 *5		
販 売 費 管 理 費	750,000		

* 1 $2,520,000 + 972,000 + 750,000 = 4,242,000$
* 2 上記 II 4 より
* 3 $3,360,000 - 420,000$［値引］$\times \dfrac{3,360,000}{3,360,000 + 840,000} = 3,024,000$
* 4 $840,000 - 420,000$［値引］$\times \dfrac{840,000}{3,360,000 + 840,000} = 756,000$
* 5 約定日基準（原則）による処理である。

6　有形固定資産について

(1) 建物附属設備の除却（期中未処理）

（借） 減 価 償 却 費	92,400 *2	（貸） 建 物 附 属 設 備	856,800 *1
固 定 資 産 除 却 損	764,400		

* 1 $2,856,000$［期首帳簿価額］$\times 30\% = 856,800$

$*2$　$3,360,000$［取得価額］$\times 30\% \div 10$年$\times \dfrac{11\text{ヵ月}}{12\text{ヵ月}} = 92,400$

(2)　減価償却費

（借）減　価　償　却　費	2,444,400	（貸）建	物	2,184,000	$*1$
		建　物　附　属　設　備		260,400	$*2$

$*1$　$54,600,000 \div 25$年$= 2,184,000$

$*2$　$3,360,000$［既存］$\times 70\% \div 10$年$+ 3,024,000$［新規］$\div 10$年$\times \dfrac{1\text{ヵ月}}{12\text{ヵ月}} = 260,400$

7　投資有価証券について

(1)　A株式

（借）投　資　有　価　証　券	70,000 $*1$	（貸）繰　延　税　金　負　債	21,000 $*2$
		その他有価証券評価差額金	49,000

$*1$　$864,000 - 794,000$［前期末時価（減損処理後）］$= 70,000$

$*2$　$70,000 \times 30\% = 21,000$

(2)　B株式

（借）投　資　有　価　証　券	110,000 $*1$	（貸）繰　延　税　金　負　債	33,000 $*2$
		その他有価証券評価差額金	77,000

$*1$　$27,500$ドル$\times$（130円［CR］$- 126$円［HR］）$= 3,575,000 - 3,465,000 = 110,000$

$*2$　$110,000 \times 30\% = 33,000$

(3)　C株式

（借）繰　延　税　金　資　産	30,000 $*2$	（貸）投　資　有　価　証　券	100,000 $*1$
その他有価証券評価差額金	70,000		

$*1$　$2,396,000 - 2,496,000 = \triangle 100,000$

$*2$　$100,000 \times 30\% = 30,000$

(4)　D株式

（借）投　資　有　価　証　券	148,000 $*1$	（貸）繰　延　税　金　負　債	44,400 $*2$
		その他有価証券評価差額金	103,600

$*1$　簿価合計：$960,000 + 972,000$［上記$5 *5$］$= 1,932,000$
　　　時価合計：（400株$+ 400$株）$\times 2,600$円$= 2,080,000$
　　　よって，$2,080,000 - 1,932,000 = 148,000$

$*2$　$148,000 \times 30\% = 44,400$

(5)　E社債

（借）投　資　有　価　証　券	101,600	（貸）有　価　証　券　利　息	101,600

償却額：（$100,000$ドル$- 96,000$ドル）$\times \dfrac{12\text{ヵ月}}{60\text{ヵ月}} \times 127$円［AR］$= 800$ドル$\times 127$円$= 101,600$

（借）投　資　有　価　証　券	970,400	（貸）為　替　差　益	970,400

前期末簿価：（$96,000$ドル$+ 800$ドル）$\times 120$円（前期末CR）$= 11,616,000$
当期償却額：$101,600$
当期末簿価：（$96,000$ドル$+ 800$ドル$+ 800$ドル）$\times 130$円（当期末CR）$= 12,688,000$

為替差損益：12,688,000 - （11,616,000 + 101,600） ＝ +970,400（差益）

8　新株予約権

（借）新 株 予 約 権	1,000,000 [*1]	（貸）資　　本　　金	860,000 [*4]
		その他資本剰余金	140,000 [*2]

* 1　新株予約権の簿価：$2,000,000 \times \dfrac{500個}{1,000個} = 1,000,000$

* 2　自己株式処分差益：自己株式の払込金額3,560,000（＊3）-自己株式の簿価3,420,000 ＝ 140,000

* 3　自己株式の払込金額：$(16,800,000 + 1,000,000) \times \dfrac{300株}{300株 + 1,200株} = 3,560,000$

* 4　新株の払込金額14,240,000（＊5）-計上された資本金13,380,000 ＝ 860,000

* 5　新株の払込金額：$(16,800,000 + 1,000,000) \times \dfrac{1,200株}{300株 + 1,200株} = 14,240,000$

9　税　金

(1)　消費税等

（借）仮 受 消 費 税 等	56,994,000	（貸）仮 払 消 費 税 等	57,215,600
未 収 消 費 税 等	221,600		

(2)　法人税等

（借）法　人　税　等	9,180,000 [*3]	（貸）仮 払 法 人 税 等	4,000,000 [*1]
		未 払 法 人 税 等	5,180,000

* 1　中間納付額：前T/Bより
* 2　税引前利益：収益総額721,841,800-費用総額691,841,800 ＝ 30,000,000
* 3　法人税等（＝X）：X-法人税等調整額180,000 ＝ 30,000,000×30%　　　X ＝ 9,180,000

LEC東京リーガルマインド講師からの応援メッセージ

　科目別合格制度を採用している税理士試験において、多くの受験生が入口として学習を始める科目は簿記論です。主な税法科目の合格率は11～14%程度の低位で推移していますが、簿記論の合格率は、昨年（令和5年度）は17.4%とやや高め、一昨年は23%と非常に高いものでした。この点からも、簿記論は税理士試験の入口であり合格しやすい科目としての位置付けが定着しつつあるように見えます。

　しっかり学習努力を積み重ねてこられた読者の皆さんにとって、簿記論の合格は決して高いハードルではないはずです。時間配分と取捨選択をしっかり意識して、解答に取り組みましょう。

PROFILE
　LEC中野本校にて，日々，簿記論・財務諸表論の教材を作成しています。普段は次々と迫りくる締切に悪戦苦闘していますが，休日は全国各地の城(跡)を次々と攻略しています。

Ⅳ　決算整理後残高試算表（X5年3月31日）

(単位：円)

借　　　方		貸　　　方	
科　　　目	金　　額	科　　　目	金　　額
現　金　預　金	68,112,112	支　払　手　形	50,038,000
受　取　手　形	58,780,000	買　　掛　　金	42,694,100
売　　掛　　金	53,720,000	保　証　債　務	46,712
繰　越　A　商　品	32,120,000	短　期　借　入　金	24,025,000
繰　越　B　商　品	21,700,000	未　　払　　金	4,242,000
未　収　消　費　税　等	221,600	未　払　法　人　税　等	5,180,000
建　　　　　物	48,048,000	長　期　借　入　金	50,000,000
建　物　附　属　設　備	4,762,800	貸　倒　引　当　金	1,500,000
投　資　有　価　証　券	21,603,000	退　職　給　付　引　当　金	14,900,000
破　産　更　生　債　権　等	2,190,000	繰　延　税　金　負　債	98,400
繰　延　税　金　資　産	4,590,000	資　　本　　金	84,000,000
A　商　品　仕　入	439,080,000	その他資本剰余金	140,000
B　商　品　仕　入	100,800,000	繰　越　利　益　剰　余　金	16,823,700
販　売　費　管　理　費	138,467,488	その他有価証券評価差額金	159,600
退　職　給　付　費　用	4,100,000	新　株　予　約　権	1,000,000
商　品　棚　卸　減　耗　費	380,000	A　商　品　売　上	576,000,000
減　価　償　却　費	2,536,800	B　商　品　売　上	144,000,000
貸　倒　引　当　金　繰　入　額	1,380,000	受　取　利　息	301,000
支　払　利　息	3,146,400	有　価　証　券　利　息	101,600
為　替　差　損	384,000	為　替　差　益	1,439,200
保　証　債　務　費　用	46,712	法　人　税　等　調　整　額	180,000
固　定　資　産　除　却　損	1,520,400		
法　人　税　等	9,180,000		
合　　　計	1,016,869,312	合　　　計	1,016,869,312

〔第 一 問〕

第一問では，一般商品売買と貸倒引当金（**問1**），外貨建取引とデリバティブを絡めた有価証券（**問2**），及び収益認識（**問3**）に関する個別問題を出題しました。全体として，難易度は中レベルですが，ボリュームは多めに設定しています。ここで強調しておきたいのは，「第一問から第三問で2時間」，「解ける問題から優先的に解答する戦略（選球眼）をもっておかないと解ける問題を見逃してしまう」ということです。本問の問1，問2は比較的容易ですので7割程度は正答したいところです。な

お，近年，円安という言葉をよく耳にします。為替レートの変動がビジネスに与える影響は小さくありませんので，外貨建取引は重要論点になると考えられます。また，問3についても，長い問題文の設定に惑わされずに，落ち着いて必要な情報を処理することが大切です。ボリュームや時間不足に圧倒されないように，落ち着いて最大のパフォーマンスを発揮することを心がけてください。時間は絶対に足りませんので，どう配分するかという戦略と平常心が勝負です。

〔第 二 問〕

第二問では，連結精算表（**問1**），キャッシュ・フロー（CF）計算書（**問2**），及びリース会計（**問3**）について出題しました。全体として，難易度は中レベルですが，ボリュームはかなり多めに設定しています。連結会計の総合問題とCF計算書が同じ小問の中に含まれることは極めて珍しいと思います。連結会計は出題頻度こそ高くないですが，本問レベルであれば出題された場合に効率的に得点することが必要です。例えば，連結精算表の資本金は親会社の資本金と同額になるので一瞬で解答できま

す。しかし，利益剰余金，非支配株主持分及び商品（売上原価）などは，複数の仕訳を正答しなければ最終金額は合いませんので，後回しにした方がよいでしょう。CF計算書は，営業活動かつ間接法の場合，金額を拾ってくるだけの部分を優先的に解く選球眼を大切にしてください。なお，リース会計については近年のトピックですので，出題可能性は高いと思われます。一度解いた後に解説をよく確認し，解く順番をイメージし直してみてください。

〔第 三 問〕

簿記論の第三問は実務家試験委員の出題であるため，実務的な資料が与えられたり，資料が読み取りにくかったり，説明が回りくどい場合もあります。そのため，問題文には一部，会社の行った会計処理

が読み取りにくいものもあるかもしれませんが，過去の本試験でも定期的に問われている決算修正型の総合問題の形式で，本試験における頻出論点を中心に出題しました。

合格ライン

〔第一問〕　ボーダーラインは14～16点，合格確実ラインは18点以上。
〔第二問〕　ボーダーラインは14～16点，合格確実ラインは18点以上。
〔第三問〕　「3　商品」は難易度が高いため，相対的に解答しやすいと思われる「1　当座預金」，「6　有価証券及び投資有価証券」，「8　退職給付」，「9　転換社債型新株予約権付社債」，「10　リース契約」，「11　為替予約等」を中心に点数を積み重ね，37点程度が合格の目安と考えます。

〔第 一 問〕 −25点−

問1

((1)仕訳の金額の単位：円)

(1)	①	仕入 ❶☆	②	7,500,000 ❶☆
	③	10,000,000 ❶☆	④	仕訳不要 ❶☆
(2)	①	160,000,000円 ❶☆	②	19,750,000円 ❶
	③	490,000円 ❶☆	④	14,075,000円 ❶

問2

(1)	2,425,000円	❶☆
(2)	29,827,500円	❶
(3)	22,760,000円	❶☆
(4)	100,000,000円	❶☆
(5)	61,730,000円	❶
(6)	1,422,750円	❶
(7)	700,000円	❶☆

問3

(仕訳の金額の単位：円)

(1)	①	し ❶☆	②	9,312 ❶☆	③	4,359 ❶
	④	し ❶	⑤	3,983 ❶		
(2)	①	か ❶☆	②	50,000 ❶☆	③	30,000 ❶☆
	④	く ❶	⑤	30,000 ❶		

☆　解答して欲しい論点　15点

〔第 二 問〕 −25点−

問1

((1)の単位：円)

(1)	①	6,240,000	❶☆	②	14,867,000	❶☆	③	6,311,000	❶
	④	―	❶☆	⑤	35,500,000	❶☆	⑥	10,000,000	❶☆
	⑦	25,045,000	❶	⑧	1,880,000	❶	⑨	240,000	❶☆
(2)	18,150,000円	❶☆
(3)	5 年	❶☆

問2

((1)の単位：円)

(1)	①	490,000	❶☆	②	△75,000	❶☆	③	△40,000	❶
	④	△290,000	❶☆	⑤	△60,000	❶			
(2)	イ，カ		両方正解で❷

問3

(1)	①	31,500,000円	❶☆	②	30,080,000円	❶☆
(2)	①	1,862,414円	❶	②	279,362円	❶
(3)	①	― 円	❶☆	②	4,000,000円	❶☆
(4)	63,936,214円	❶

☆ 解答して欲しい論点　15点

（単位：円）

	勘 定 科 目	金 額		勘 定 科 目	金 額
①	当 座 預 金	❶☆ 40,250,500	㉖	商 品 廃 棄 損	❶ 58,000
②	受 取 手 形	❶☆ 46,699,000	㉗	固 定 資 産 売 却 損	❶☆ 340,000
③	売 掛 金	❶☆ 36,701,000	㉘	投 資 有 価 証 券 評 価 損	❶☆ 15,600,000
④	商 品	❶ 26,250,000	㉙	法 人 税 等	❶ 11,660,274
⑤	建 物	❶☆ 95,014,000	㉚	買 掛 金	❶☆ 68,387,580
⑥	車 両 運 搬 具	❶☆ 3,690,000	㉛	短 期 借 入 金	❶☆ 550,000
⑦	備 品	❶☆ 25,690,000	㉜	未 払 社 債 利 息	❶☆ 450,000
⑧	土 地	❶☆ 89,280,000	㉝	未 払 消 費 税 等	❶☆ 12,443,000
⑨	リ ー ス 資 産	❶☆ 2,903,920	㉞	為 替 予 約	❶☆ 50,000
⑩	の れ ん	❶ 3,800,000	㉟	資 産 除 去 債 務	❶☆ 1,428,000
⑪	投 資 有 価 証 券	❶ 88,495,136	㊱	社 債	❶☆ 29,100,000
⑫	自 己 株 式	❶☆ 400,000	㊲	リ ー ス 債 務	❶☆ 2,775,096
⑬	破 産 更 生 債 権 等	❶☆ 4,500,000	㊳	繰 延 税 金 負 債	❶☆ 705,000
⑭	繰 延 税 金 資 産	❶ 66,072,000	㊴	退 職 給 付 引 当 金	❶☆ 217,000,000
⑮	売 上 原 価	❶ 286,810,000	㊵	資 本 金	❶☆ 69,200,000
⑯	商 品 評 価 損	❶ 425,000	㊶	資 本 準 備 金	❶ 40,040,000
⑰	人 件 費	❶☆ 84,900,000	㊷	その他資本剰余金	❶☆ 5,550,000
⑱	貸 倒 引 当 金 繰 入	❶ 5,702,000	㊸	繰 越 利 益 剰 余 金	❶☆ 60,140,900
⑲	減 価 償 却 費	❶ 13,187,980	㊹	その他有価証券評価差額金	❶☆ 1,540,000
⑳	利 息 費 用	❶☆ 28,000	㊺	繰 延 ヘ ッ ジ 損 益	❶☆ 105,000
㉑	その他の販売費	❶ 34,718,900	㊻	新 株 予 約 権	❶☆ 1,800,000
㉒	支 払 利 息	❶☆ 145,196	㊼	売 上	❶☆ 460,350,000
㉓	社 債 利 息	❶☆ 2,000,000	㊽	有 価 証 券 利 息	❶☆ 375,136
㉔	株 式 交 付 費 償 却	❶☆ 15,000	㊾	為 替 差 益	❶☆ 610,000
㉕	有 価 証 券 評 価 損	❶☆ 600,000	㊿	法 人 税 等 調 整 額	❶ 6,222,000

解　説

〔第 一 問〕 －25点－

問1

(1) 【資料1】仕入及び売上に関する取引

No.A001

当社の入荷検収日はX24年3月11日である。特に指示がないことから，すでに会計処理済みであると考えられるため，追加の会計処理は不要である。

No.A002

β株式会社は，X24年3月23日に商品甲を検収済みである。したがって，当社において，仕入及び売上に関して以下の会計処理が必要となる。

（仕	入）	7,500,000	（買	掛	金）	7,500,000

@3,000円×2,500個＝7,500,000円

（売	掛	金）	10,000,000	（売	上）	10,000,000

7,500,000円÷（1－粗利率25％）＝10,000,000円

No.A003

当社の入荷検収日はX24年4月1日である。当社は検収基準により仕入を計上していることから，X24年3月期において未検収である甲商品に関する会計処理は不要である。

(2) 【資料2】貸倒引当金の設定

1　X23年3月31日（前期末）における貸倒引当金残高

（ア）　貸倒懸念債権（月社）：8,150,000円×50％＝4,075,000円

（イ）　破産更生債権等（花社）：3,100,000円×100％＝3,100,000円

（ウ）　一般債権：111,000,000円×1％＝1,110,000円

（エ）　（ア）＋（イ）＋（ウ）＝8,285,000円

2　貸倒懸念債権

（個別貸倒引当金繰入額）	5,925,000	（貸	倒	引	当	金）	5,925,000

貸倒懸念債権（当期末残高・雪社）10,000,000円＝20,000,000円×50％

個別貸倒引当金繰入額5,925,000円＝10,000,000円（雪社）－前期末残高4,075,000円（月社）

3　破産更生債権等

（個別貸倒引当金繰入額）	8,150,000	（貸	倒	引	当	金）	8,150,000

破産更生債権等（当期末残高・月社）8,150,000円＝8,150,000円×100％

個別貸倒引当金繰入額8,150,000円＝8,150,000円（月社）－決算整理前残高0円（※）

（※）　花社の貸倒処理によって破産更生債権に対する貸倒引当金前期末残高3,100,000円が取り崩されたため，決算整理前残高は0円になる。

4 　一般債権

（一般貸倒引当金繰入額）	490,000	（貸　倒　引　当　金）	490,000

一般債権：160,000,000円① ＝受取手形25,000,000円＋売掛金125,000,000円＋売掛金10,000,000円

（【資料1】No.A002）

一般貸倒引当金（当期末残高）：1,600,000円＝160,000,000円×1％

一般貸倒引当金繰入額：490,000円＝1,600,000円－前期末残高1,110,000円

5 　X24年3月31日（当期末）における貸倒引当金残高

貸倒引当金（当期末残高）：19,750,000円②

＝貸倒懸念債権10,000,000円＋破産更生債権等8,150,000円＋一般債権1,600,000円

一般貸倒引当金繰入額：490,000円③

個別貸倒引当金繰入額：14,075,000円④ ＝貸倒懸念債権5,925,000円＋破産更生債権等8,150,000円

問2

〔1〕 各有価証券の会計処理

a 社株式（売買目的有価証券）

（売 買 目 的 有 価 証 券）	2,575,000	（有 価 証 券 評 価 損 益）	2,575,000

（ア）　期末評価額：57,500米ドル×150円／米ドル＝8,625,000円

（イ）　取得原価：55,000米ドル×110円／米ドル＝6,050,000円

有価証券評価損益：（ア）－（イ）＝2,575,000円（評価益）

b 社株式（子会社株式）

仕訳不要

c 社株式（その他有価証券）

⑴　保有目的区分の変更（売買目的有価証券からその他有価証券への振替え）

（そ の 他 有 価 証 券）	5,950,000	（売 買 目 的 有 価 証 券）	6,100,000
（有 価 証 券 評 価 損 益）	150,000		

有価証券評価損益：5,950,000円－6,100,000円＝△150,000円（評価損）

⑵　時価評価

（そ の 他 有 価 証 券）	280,000	（繰 延 税 金 負 債）	84,000
		（その他有価証券評価差額金）	196,000

その他有価証券：6,230,000円－5,950,000円＝280,000円

繰延税金負債：280,000円×30％＝84,000円

その他有価証券評価差額金：280,000円－84,000円＝196,000円

d 社社債（満期保有目的債券）

⑴　有価証券利息の計上

（当　　座　　預　　金）	1,200,000	（有 価 証 券 利 息）	1,459,000
（満 期 保 有 目 的 債 券）	259,000		

現金預金：200,000米ドル×4.0％×150円／米ドル＝1,200,000円

満期保有目的債券：

①　当期の償却額（外貨ベース）

　　197,000米ドル×5％－200,000米ドル×4％＝1,850米ドル

②　当期の償却額（円貨ベース）

　　1,850米ドル×140円／米ドル＝259,000円

(2)　為替差損益の計上

| （満期保有目的債券） | 4,943,500 | （為替差損益） | 4,943,500 |

（197,000米ドル+1,850米ドル）×150円／米ドル－（24,625,000円+259,000円）

＝4,943,500円（為替差益）

e 社株式（その他有価証券）

| （繰延税金資産） | 93,750 | （その他有価証券） | 312,500 |
| （その他有価証券評価差額金） | 218,750 | | |

その他有価証券：50,000米ドル×150円／米ドル－7,812,500円＝△312,500円（評価損）

繰延税金資産：312,500円×30％＝93,750円

その他有価証券評価差額金：312,500円－93,750円＝218,750円

f 社株式（関連会社株式）

(1)　f 社株式の取得

| （関連会社株式） | 52,500,000 | （当座預金） | 52,500,000 |

(2)　保有目的区分の変更（その他有価証券から関連会社株式への振替え）

| （関連会社株式） | 23,000,000 | （その他有価証券） | 23,000,000 |

g 社株式（関連会社株式）

| （関連会社株式評価損） | 57,000,000 | （関連会社株式） | 57,000,000 |

関連会社株式評価損98,000,000円×25％－81,500,000円＝△57,000,000円

h 社株式（子会社株式）

仕訳不要

国債（その他有価証券）

| （繰延税金資産） | 600,000 | （その他有価証券） | 2,000,000 |
| （その他有価証券評価差額金） | 1,400,000 | | |

その他有価証券：48,000,000円－50,000,000円＝△2,000,000円（評価損）

繰延税金資産：2,000,000円×30％＝600,000円

その他有価証券評価差額金：2,000,000円－600,000円＝1,400,000円

国債先物

| （先物取引差金） | 1,000,000 | （繰延税金負債） | 300,000 |
| | | （繰延ヘッジ損益） | 700,000 |

繰延税金負債：1,000,000円×30％＝300,000円

繰延ヘッジ損益：1,000,000円－300,000円＝700,000円

〔2〕 各項目の金額
- (1) 有価証券評価損益

  2,575,000円（a社株式）－150,000円（c社株式）＝2,425,000円

- (2) 満期保有目的債券

  d社社債：24,625,000円＋259,000円＋4,943,500円＝29,827,500円

- (3) 子会社株式

  12,500,000円（b社株式）＋10,260,000円（h社株式）＝22,760,000円

- (4) 関連会社株式

  f社株式：52,500,000円＋23,000,000円＝75,500,000円

  g社株式：81,500,000円－57,000,000円＝24,500,000円

  75,500,000円（f社株式）＋24,500,000円（g社株式）＝100,000,000円

- (5) その他有価証券

  c社株式：5,950,000円＋280,000円＝6,230,000円

  e社株式：7,812,500円－312,500円＝7,500,000円

  国債：50,000,000円－2,000,000円＝48,000,000円

  6,230,000円（c社株式）＋7,500,000円（e社株式）＋48,000,000円（国債）＝61,730,000円

- (6) その他有価証券評価差額金

  c社株式196,000円（貸方）－e社株式218,750円（借方）－国債1,400,000円（借方）

  ＝1,422,750円（借方）

- (7) 繰延ヘッジ損益

  700,000円（貸方）→〔1〕国債先物参照

問3

(1) X23年3月期における商品a販売時の仕訳

借　　方			貸　　方		
勘　定　科　目	金	額	勘　定　科　目	金	額
［　現　　　金　］	（	1,000,000)	［　売　　　上　］	（	990,688)
			［①し．契約負債］	（　　②	9,312)

取引価格1,000,000円を商品とポイントに独立販売価格の比率で配分する。

商品：

1,000,000円×独立販売価格1,000,000円÷（1,000,000円＋9,400円）

＝990,687.53…円→四捨五入すると，990,688円

ポイント：

1,000,000円×独立販売価格9,400円÷（1,000,000円＋9,400円）

＝9,312.46…円→四捨五入すると，9,312円

X23年3月期末に計上される仕訳

借　方		貸　方	
勘　定　科　目	金　　　　　額	勘　定　科　目	金　　　　　額
［　契　約　負　債　］	（　　　　　4,359）	［　売　　上　　］	（　　③　4,359）

X23年3月期末までに使用されたポイント4,400ポイント÷使用されると見込むポイント総数9,400ポイント×商品α販売時に計上した契約負債9,312円＝4,358.80…円
→四捨五入すると，4,359円

X24年3月期末に計上される仕訳

借　方		貸　方	
勘　定　科　目	金　　　　　額	勘　定　科　目	金　　　　　額
［④し. 契約負債］	（　　⑤　3,983）	［　売　　上　　］	（　　　　　3,983）

（X24年3月期末までに使用されたポイント累計8,600ポイント÷使用されると見込むポイント総数9,600ポイント×商品α販売時に計上した契約負債9,312円）－X23年3月期末に収益を認識した4,359円＝3,982.99…円→四捨五入すると，3,983円

(2) 返品が見込まれる場合は変動対価として取り扱うとともに，返品資産は帳簿価額から回収費用（本問では該当なし）を控除して計上する。また，返品資産は手元の商品と区別して処理をする。

商品β（500,000円）販売時の仕訳

借　方		貸　方	
勘　定　科　目	金　　　　　額	勘　定　科　目	金　　　　　額
［　売　掛　金　］	（　　500,000）	［　売　　上　　］	（　　450,000）
		［①か. 返品負債］	（　　②　50,000）
［　売　上　原　価　］	（　　270,000）	［　商　　品　　］	（　　300,000）
［　返　品　資　産　］	（　　③　30,000）		

返品負債：500,000円×返品率10％＝50,000円
売上：売掛金500,000円－返品負債50,000円＝450,000円
商品：販売額500,000円×原価率60％＝300,000円
返品資産：商品300,000円×返品率10％＝30,000円
売上原価：商品300,000円－返品資産30,000円＝270,000円

10％の返品を受けた時の仕訳

借　方		貸　方	
勘　定　科　目	金　　　　　額	勘　定　科　目	金　　　　　額
［　返　品　負　債　］	（　　50,000）	［　当　座　預　金　］	（　　50,000）
［　商　　品　　］	（　　30,000）	［④く. 返品資産］	（　　⑤　30,000）

返品負債（当座預金）：販売額500,000円×返品率10％＝50,000円
商品（返品資産）：返品額50,000円×原価率60％＝30,000円

〔第 二 問〕 −25点−

問1 連結会計

連 結 精 算 表

(単位：円)

科 目	個別財務諸表 P社	個別財務諸表 S社	連結修正仕訳 借 方	連結修正仕訳 貸 方	連結財務諸表
貸 借 対 照 表					
諸 資 産	12,500,000	8,740,000		15,000,000	① 6,240,000
売 掛 金	10,260,000	6,230,000		1,623,000	② 14,867,000
商 品	4,230,000	2,156,000		75,000	③ 6,311,000
S 社 株 式	6,500,000	—		6,500,000	④ —
の れ ん	—	—	400,000	100,000	300,000
土 地	30,000,000	8,500,000		3,000,000	⑤ 35,500,000
資 産 合 計	63,490,000	25,626,000	400,000	26,298,000	63,218,000
請 負 債	13,040,000	11,006,000	15,000,000		9,046,000
買 掛 金	8,150,000	5,220,000	1,623,000		11,747,000
資 本 金	10,000,000	4,000,000	4,000,000		⑥ 10,000,000
資 本 剰 余 金	5,500,000	1,000,000	1,000,000		5,500,000
利 益 剰 余 金	26,800,000	4,400,000	2,740,000	→ 5,850,000	⑦ 25,045,000
			50,000		
			→ 9,215,000		
非 支 配 株 主 持 分	—	—		1,640,000	⑧ 1,880,000
				240,000	
負債・純資産合計	63,490,000	25,626,000	24,413,000	1,880,000	63,218,000
損 益 計 算 書					
売 上 高	31,000,000	18,150,000	5,800,000		43,350,000
			75,000	5,800,000	
（ 省 略 ）			100,000	50,000	（ 省 略 ）
			3,000,000		
当 期 純 利 益	2,625,000	1,200,000	8,975,000	5,850,000	700,000
非支配株主に帰属する当期純利益			⑨ 240,000		△240,000
親会社株主に帰属する当期純利益			— 9,215,000	— 5,850,000	460,000

1　開始仕訳（X23年3月31日までの連結修正仕訳）

（ア）　支配獲得日（X22年3月31日）の連結修正仕訳（投資と資本の相殺消去）

　　　支配獲得時のS社の純資産（【資料1】2）にもとづいて，投資と資本の相殺消去を行う。S社の純資産（資本）とS社株式（投資）を相殺消去する。なお，S社の資本のうち非支配株主持分20％（＝100％－80％）については，非支配株主持分（純資産）の増加として処理する。また，貸借差額については，のれん（資産）の増加として処理する。

（資　　本　　金）	4,000,000	（S　社　株　式）	6,500,000
（資　本　剰　余　金）	1,000,000	（非　支　配　株　主　持　分） (※1)1,500,000	
（利　益　剰　余　金）	2,500,000		
（の　　れ　　ん） (※2)500,000			

（※1）　非支配株主持分：

$$\underline{(4,000,000円＋1,000,000円＋2,500,000円)}_{\text{S社資本}} × \underline{(100％－80％)}_{\text{非支配株主持分割合}} ＝1,500,000円$$

（※2）　のれん：(4,000,000円＋1,000,000円＋2,500,000円)×80％－6,500,000円＝△500,000円（借方）

　　　なお，本問では株式資本等変動計算書の作成を要しないことから，純資産項目は株主資本等変動計算書の科目（○○当期首残高・○○当期変動額）ではなく，貸借対照表の科目で示す。

（イ）　のれんの償却

　　　投資と資産の相殺消去によって，のれんが生じた場合，定額法によって償却する。本問では設問(3)で償却年数が問われている。【資料2】に記載されているX24年3月31日ののれん残高が300,000円であることより，支配獲得後2年間で200,000円（＝500,000円－300,000円）が償却されていることが読み取れるため，1年間ののれん償却は100,000円（＝200,000円÷2年間），償却年数は5年間（＝500,000円÷100,000円）であると計算される。

| （利　益　剰　余　金） (※)100,000 | （の　　れ　　ん） | 100,000 |
| のれん償却 | | |

（※）　500,000円÷償却年数5年＝100,000円

（ウ）子会社の当期純利益の振り替え

　　　S社の当期純利益のうち，非支配株主に帰属する部分を非支配株主持分に振り替える。ただし，この期間のS社の当期純利益の金額が資料中に与えられていないため，差引計算によって求める。

| （利　益　剰　余　金） | 140,000 | （非　支　配　株　主　持　分） | 140,000 |
| 非支配株主に帰属する当期純利益 | | | |

$$\underline{(3,200,000円－2,500,000円)}_{\substack{\text{X23年3月31日}\ \text{X22年3月31日}\\\text{利益剰余金}\quad\text{利益剰余金}}} × \underline{(100％－80％)}_{\substack{\text{非支配株主}\\\text{持分割合}}} ＝140,000円$$

2 X24年3月期に行う連結修正仕訳（当期の処理）

（ア） のれんの償却

| （の れ ん 償 却） | 100,000 | （の れ ん） | 100,000 |

500,000円÷5年＝100,000円

（イ） 子会社の当期純利益の振り替え

| （非支配株主に帰属する当期純利益） | 240,000 | （非 支 配 株 主 持 分） | 240,000 |

1,200,000円×（100％－80％）＝240,000円

（ウ） 売上高と売上原価の相殺消去

| （売 上 高） | 5,800,000 | （売 上 原 価） | 5,800,000 |

（エ） S社の期首棚卸資産に含まれる未実現利益の消去（ダウン・ストリーム）

① 前期末の仕訳の引継ぎ

期首商品に含まれる未実現利益については，前期末に行った連結修正仕訳を再度行う。

| （利 益 剰 余 金） 売上原価 | 50,000 | （商 品） | 50,000 |

300,000円×0.2／（1＋0.2）＝50,000円

② 実現仕訳

期首商品は当期にすべて販売されたと考え，売上原価を修正する。

| （商 品） | 50,000 | （売 上 原 価） | 50,000 |

③ まとめ（①＋②）

| （利 益 剰 余 金） | 50,000 | （売 上 原 価） | 50,000 |

（オ） S社の期末棚卸資産に含まれる未実現利益の消去（ダウン・ストリーム）

| （売 上 原 価） | 75,000 | （商 品） | 75,000 |

450,000円×0.2／（1＋0.2）＝75,000円

（カ） 売掛金と買掛金の相殺消去

| （買 掛 金） | 1,623,000 | （売 掛 金） | 1,623,000 |

（キ） 土地に含まれる未実現利益の消去（ダウン・ストリーム）

親子会社間で土地12,000,000円を15,000,000円で売買したため，3,000,000円の未実現利益が生じている。そのため，P社の土地売却益3,000,000円とS社の土地3,000,000円を相殺消去する。

| （土 地 売 却 益） | 3,000,000 | （土 地） | 3,000,000 |

15,000,000円－12,000,000円＝3,000,000円

（ク） 未収入金（諸資産）と未払金（諸負債）の相殺消去

土地の売却代金は後日受払いであるため，土地を売却したときには未収入金と未払金で処理されている。当期末において，決済されていないため相殺消去する。なお，本問では諸資産・諸負債に含まれているため，諸資産・諸負債を相殺消去する。

| （諸 負 債） 未払金 | 15,000,000 | （諸 資 産） 未収入金 | 15,000,000 |

問2 キャッシュ・フロー計算書

(1) キャッシュ・フロー計算書は，以下のように作成される。

キャッシュ・フロー計算書

X23年4月1日からX24年3月31日

（営業活動によるキャッシュ・フローのみを抜粋している）

（単位：円）

税引前当期純利益	①	490,000
減価償却費		200,000
受取利息	②	△75,000
為替差益	③	△40,000
支払利息		100,000
売上債権の増加額	④	△290,000
棚卸資産の増加額		△130,000
仕入債務の増加額		30,000
小計		285,000
利息の受取額		75,000
利息の支払額	⑤	△60,000
法人税等の支払額		△90,000
営業活動によるキャッシュ・フロー		210,000

① 損益計算書の「税引前当期純利益」
② 損益計算書の「受取利息」
③ 為替差益のうち，営業活動と関連のない換算に関する金額【資料3】
④ 貸借対照表の「売掛金」増加額290,000円（＝1,110,000円－820,000円）
⑤ 損益計算書の「支払利息」（100,000円）と貸借対照表の「未払利息」増加額（40,000円）の差額

(2) 営業活動によるキャッシュ・フローの区分（間接法）で，増加要因として表示されるかどうかについては，以下のように判断する。

ア．貸倒引当金の減少・・・営業活動によるキャッシュ・フローを減少させる
イ．減価償却費の計上・・・<u>営業活動によるキャッシュ・フローを増加</u>させる
ウ．長期借入金の増加・・・財務活動によるキャッシュ・フローを増加させる
エ．有形固定資産の売却・・・投資活動によるキャッシュ・フローを増加させる
オ．仕入債務の減少・・・営業活動によるキャッシュ・フローを減少させる
カ．棚卸資産の減少・・・<u>営業活動による</u>キャッシュ・フローを<u>増加</u>させる

問3　リース会計

1　ファイナンス・リース取引の判定

(1)　機械装置 a

① リース料総額の現在価値（借手の追加借入利子率 3 ％により算定）

7,000,000円÷（1 ＋0.03）＋7,000,000円÷（1 ＋0.03）^{2}＋7,000,000円÷（1 ＋0.03）^{3}＋7,000,000円÷（1 ＋0.03）^{4}＋7,000,000円÷（1 ＋0.03）^{5}＋7,000,000円÷（1 ＋0.03）^{6}＝37,920,340.10…円→37,920,340円（円未満四捨五入）

② 判定：37,920,340円÷36,000,000円≧90％　または　6 年÷ 8 年≧75％

よって，ファイナンス・リース取引に該当する。なお，所有権移転条項があるため，所有権移転ファイナンス・リース取引となる。

(2)　機械装置 β

① リース料総額の現在価値（借手の追加借入利子率 3 ％により算定）

6,100,000円÷（1 ＋0.03）＋6,100,000円÷（1 ＋0.03）^{2}＋6,100,000円÷（1 ＋0.03）^{3}＋6,100,000円÷（1 ＋0.03）^{4}＋6,100,000円÷（1 ＋0.03）^{5}＝27,936,213.84…円→27,936,214円（円未満四捨五入）

② 判定：27,936,214円÷29,000,000円≧90％　または　5 年÷ 6 年≧75％

よって，ファイナンス・リース取引に該当する。なお，所有権移転条項がないため，所有権移転外ファイナンス・リース取引となる。

(3)　機械装置 γ

① リース料総額の現在価値（借手の追加借入利子率 3 ％により算定）

4,000,000円÷（1 ＋0.03）＋4,000,000円÷（1 ＋0.03）^{2}＋4,000,000円÷（1 ＋0.03）^{3}＝11,314,445.41…円→11,314,445円（円未満四捨五入）

② 判定：11,314,445円÷15,500,000円＜90％，　3 年÷ 5 年＜75％

よって，オペレーティング・リース取引に該当する。

2　仕訳と各金額の算定

(1)　機械装置 a

X23年 4 月 1 日（リース開始時）

（リース資産）	36,000,000	（リース債務）	36,000,000

リース料総額の現在価値37,920,340円＞見積現金購入価額36,000,000円

∴リース資産の取得原価：36,000,000円

X24年 3 月31日（第 1 回リース料支払時）

（リース債務）	5,920,000	（現金預金）	7,000,000
（支払利息）	1,080,000		

支払利息：リース債務36,000,000円× 3 ％＝1,080,000円

リース債務：リース料（年額)7,000,000円－支払利息1,080,000円＝5,920,000円

X24年 3 月31日（決算日・減価償却費の計上）

（減価償却費）	4,500,000	（減価償却累計額）	4,500,000

所有権移転ファイナンス・リース取引のため，耐用年数は経済的耐用年数（8年）。

減価償却費：リース資産36,000,000円÷8年＝4,500,000円

① リース資産の帳簿価額：36,000,000円－4,500,000円＝31,500,000円

② リース債務残高：36,000,000円－5,920,000円＝30,080,000円

(2) 機械装置β

X23年12月1日（リース開始時）

（リ ー ス 資 産）	27,936,214	（リ ー ス 債 務）	27,936,214

リース料総額の現在価値27,936,214円＜見積現金購入価額29,000,000円

∴リース資産の取得原価：27,936,214円

X24年3月31日（決算日・未払利息の計上）

（支 払 利 息）	279,362	（未 払 利 息）	279,362

支払利息：リース債務27,936,214円×3％×（4ヵ月／12ヵ月）＝279,362.14円
　　　　　　　→279,362円（円未満四捨五入）

なお，リース料の支払日ではないため，リース債務（元本）の返済処理は行わない。

X24年3月31日（決算日・減価償却費の計上）

（減 価 償 却 費）	1,862,414	（減 価 償 却 累 計 額）	1,862,414

所有権移転外ファイナンス・リース取引のため，耐用年数はリース期間（5年）。

減価償却費：リース資産27,936,214円÷5年×（4ヵ月／12ヵ月）＝1,862,414.26…円
　　　　　　　→1,862,414円（円未満四捨五入）

①減価償却費：1,862,414円

②支払利息：279,362円

(3) 機械装置γ

X24年3月31日（決算日）

（支 払 リ ー ス 料）	4,000,000	（現 金 預 金）	4,000,000

① リース資産の帳簿価額

オペレーティング・リース取引に該当するため　―円

② 支払リース料

【資料1】 機械装置γのリース料（年額）4,000,000円

(4) 当社の貸借対照表においてX24年3月末に計上されるリース資産の取得原価

36,000,000円（機械装置α）＋27,936,214円（機械装置β）＝63,936,214円

〔第 三 問〕 (単位：円)

I 【資料1】決算整理前残高試算表の空欄

	勘定科目	金 額	解 説
借方項目	当座預金	37,104,000	L銀行△3,146,500＋R銀行40,250,500
	仮払金	26,484,000	【資料2】勘定科目内訳書
	前払費用	100,000	【資料2】勘定科目内訳書
	備品	34,644,000	下記Ⅲ5(1)参照
	繰延税金資産	59,850,000	【資料2】勘定科目内訳書
貸方項目	仮受金	220,000	【資料2】勘定科目内訳書
	社債	47,500,000	(50,000,000－3,000,000)＋3,000,000×6ヵ月/36ヵ月
	退職給付引当金	199,500,000	【資料2】勘定科目内訳書
	資本金	59,000,000	貸借差額

II 【資料2】勘定科目内訳書の空欄

勘定科目	内 訳	金 額	解 説
仮払金	車両購入代金	3,894,000	下記Ⅲ4(2)参照
前払費用	為替予約の振当処理による期間配分額	100,000	下記Ⅲ11(1)①(b)参照
繰延税金資産	前期末退職給付引当金残高に係る税効果額	59,850,000	199,500,000×税率30%
仮受金	T社社債の受取利息	220,000	下記Ⅲ6(2)②③参照
退職給付引当金	前期末残高	199,500,000	(141,800,000＋106,100,000)－48,400,000

III 【資料3】修正事項及び決算整理事項等

1 当座預金に関する事項

(1) 取立済手形（未処理）

(借)	当 座 預 金	1,697,500	(貸)	受 取 手 形	1,700,000
	その他の販売費	2,500			

(2) 時間外預入

(借)	仕 訳 な し		(貸)		

(3) 売掛金振込（未処理）

(借)	当 座 預 金	899,000	(貸)	売 掛 金	900,000
	その他の販売費	1,000			

(4) 未取付小切手

(借)	仕 訳 な し		(貸)		

⑸　銀行勘定調整表（L銀行）

銀行勘定調整表

甲社残高	（＊2）	△3,146,500	L銀行側残高		△450,000
〔増　加〕			〔増　加〕		
⑴　取立済手形（未処理）		1,697,500	⑵　時間外預入		500,000
⑶　売掛金振込（未処理）		899,000			
〔減　少〕			〔減　少〕		
			⑷　未取付小切手		600,000
甲社B／S残高	（＊1）	△550,000	L銀行側調整後残高		△550,000

＊1　L銀行側調整後残高より

＊2　甲社B/S残高△550,000 −⑴1,697,500 −⑶899,000 ＝△3,146,500

⑹　当座借越に関する修正仕訳（L銀行）

（借）当　座　預　金	550,000	（貸）短　期　借　入　金	550,000

2　売掛金に関する事項

⑴　A商品返品

（借）売　　　　　上	50,000	（貸）売　　掛　　金	55,000
仮　受　消　費　税　等	5,000		

⑵　B商品返品

（借）売　　　　　上	40,000	（貸）売　　掛　　金	44,000
仮　受　消　費　税　等	4,000		

3　商品に関する事項

⑴　A商品

①　その他の販売費からの振替

（借）仕　　　　　入	9,047,500	（貸）その他の販売費	9,047,500

②　売上原価の算定

（借）仕　　　　　入	40,222,500	（貸）繰　越　商　品	40,222,500
（借）繰　越　商　品	17,000,000 *1	（貸）仕　　　　　入	17,000,000
（借）商　品　評　価　損	425,000 *3	（貸）繰　越　商　品	425,000

＊1　＠400円（＊2）×42,500個＝17,000,000

＊2　$\dfrac{40,222,500 + 180,370,000 + 9,047,500}{43,600個 + 530,500個}$ ＝＠400円

＊3　｛帳簿価額＠400円 −正味売却価額＠390円（売価＠420円 −見積販売直接経費＠30円）｝

×期末数量42,500個＝425,000

③　商品廃棄損の算定

（借）商　品　廃　棄　損	30,000 *1	（貸）仕　　　　　入	30,000

＊1　返品未処理分（税込売価）55,000×100/110×原価率0.6＝廃棄分原価30,000

$$\text{A商品BOX}$$

期首	40,222,500	売原	(212,610,000)
仕入	180,370,000		
諸掛	9,047,500	廃棄	30,000
		期末	17,000,000

原価率0.6

212,640,000 ←→ 前T/B売上354,400,000

④ 勘定科目の振替

（借）商 品	16,575,000	（貸）繰 越 商 品	16,575,000
（借）売 上 原 価	212,610,000	（貸）仕 入	212,610,000

(2) B商品

① 見本費誤処理の振り戻し

（借）仕 入	2,848,000	（貸）その他の販売費	2,848,000

② 売上原価の算定

（借）仕 入	8,639,000	（貸）繰 越 商 品	8,639,000
（借）繰 越 商 品	9,675,000	（貸）仕 入	9,675,000
（借）その他の販売費	2,492,000 [*1]	（貸）仕 入	2,492,000

* 1　サンプル品誤処理2,848,000÷0.8＝サンプル品売価3,560,000
　　　サンプル品売価3,560,000×原価率0.7＝サンプル品原価2,492,000

※　期末帳簿棚卸額9,675,000＜期末正味売却価額9,700,000のため，評価損は生じていない。

③ 商品廃棄損の算定

（借）商 品 廃 棄 損	28,000 [*1]	（貸）仕 入	28,000

* 1　返品未処理分（税込売価）44,000×100/110×原価率0.7＝廃棄分原価28,000

$$\text{B商品BOX}$$

期首	8,639,000	売原	(74,200,000)
仕入	74,908,000	サンプル	2,492,000
誤処理戻し	2,848,000	廃棄	28,000
		期末	9,675,000

原価率0.7

76,720,000 ←→ 前T/B売上106,040,000
+
サンプル品売価3,560,000

④ 勘定科目の振替

（借）商 品	9,675,000	（貸）繰 越 商 品	9,675,000
（借）売 上 原 価	74,200,000	（貸）仕 入	74,200,000

4　有形固定資産に関する事項

(1) 建物に関する事項

（借）建 物	20,000,000	（貸）建 設 仮 勘 定	38,000,000
土 地	17,500,000 [*1]		
その他の販売費	500,000		

＊1　購入金額12,500,000＋撤去費用5,500,000－廃材売却収入1,500,000＋整地費用1,000,000＝17,500,000

(2)　車両運搬具に関する事項

（借）車 両 運 搬 具	4,100,000	＊1	（貸）仮　　払　　金	3,894,000	＊5
減 価 償 却 費	300,000	＊2	車 両 運 搬 具	1,200,000	
固 定 資 産 売 却 損	340,000	＊3	仮 受 消 費 税 等	66,000	＊6
仮 払 消 費 税 等	420,000	＊4			

＊1　4,200,000－値引100,000（下取価額660,000－時価560,000）＝4,100,000

＊2　旧営業車取得原価3,600,000÷6年×6ヵ月/12ヵ月＝300,000

※　旧営業車取得原価をXとすると，X－X÷6年×4年＝1,200,000

　　X＝3,600,000

＊3　旧車両期首簿価1,200,000－上記＊2より当期減価償却費300,000－時価560,000＝340,000

＊4　4,200,000×10％＝420,000

＊5　4,200,000×110/100－660,000×110/100＝3,894,000

＊6　660,000×10％＝66,000

(3)　資産除去債務に関する事項

①　資産除去債務の計上漏れ

（借）建　　　　　　物	1,400,000	（貸）資 産 除 去 債 務	1,400,000	＊1

＊1　（1,000,000×15％＋1,250,000×20％＋2,000,000×30％＋2,500,000×10％
　　　　＋3,000,000×25％）×現価係数0.70＝1,400,000

②　利息費用の計上

（借）利　　息　　費　　用	28,000	＊1	（貸）資 産 除 去 債 務	28,000

＊1　1,400,000×2％＝28,000

(4)　備品に関する過去の誤謬の訂正

①　事務用備品Ⅰ

（借）繰 越 利 益 剰 余 金	1,280,000	＊1	（貸）備　　　　　　品	1,280,000

＊1　期首帳簿価額（修正前）：19,200,000
　　　期首帳簿価額（修正後）：19,200,000－19,200,000÷5年×4ヵ月/12ヵ月＝17,920,000
　　　∴　17,920,000－19,200,000＝△1,280,000

②　事務用備品Ⅱ

（借）繰 越 利 益 剰 余 金	864,000	＊1	（貸）備　　　　　　品	864,000

＊1　期首帳簿価額（修正前）：13,440,000－13,440,000÷70年×6ヵ月/12ヵ月＝13,344,000
　　　期首帳簿価額（修正後）：13,440,000－13,440,000÷7年×6ヵ月/12ヵ月＝12,480,000
　　　∴　12,480,000－13,344,000＝△864,000

5 減価償却に関する事項

(1) 問題文の有形固定資産の空欄

勘定科目	用途等	取得原価	期首帳簿価額	解　説
車両運搬具	旧営業車	(3,600,000)	1,200,000	上記Ⅲ4(2)参照
備品	事務用備品Ⅰ	19,200,000	(19,200,000)	上記Ⅲ4(4)①参照
備品	事務用備品Ⅱ	13,440,000	(13,344,000)	上記Ⅲ4(4)②参照
備品	事務用備品Ⅲ	3,500,000	(2,100,000)	下記Ⅲ5(7)参照

(2) 倉庫

(借) 減 価 償 却 費	500,000 [*1]	(貸) 建　　　　物	500,000

　＊1　20,000,000÷20年×6ヵ月/12ヵ月＝500,000

(3) 新営業車

(借) 減 価 償 却 費	410,000 [*1]	(貸) 車 両 運 搬 具	410,000

　＊1　4,100,000÷5年×6ヵ月/12ヵ月＝410,000

(4) 事務所建物

(借) 減 価 償 却 費	4,442,000 [*1]	(貸) 建　　　　物	4,442,000

　＊1　(78,556,000＋1,400,000)÷18年＝4,442,000

(5) 事務用備品Ⅰ

(借) 減 価 償 却 費	3,840,000 [*1]	(貸) 備　　　　品	3,840,000

　＊1　19,200,000÷5年＝3,840,000

(6) 事務用備品Ⅱ

(借) 減 価 償 却 費	1,920,000 [*1]	(貸) 備　　　　品	1,920,000

　＊1　13,440,000÷7年＝1,920,000

(7) 事務用備品Ⅲ

(借) 減 価 償 却 費	1,050,000 [*1]	(貸) 備　　　　品	1,050,000

　＊1　3,500,000÷5年×2年＝1,400,000
　　　期首簿価2,100,000（3,500,000－1,400,000）

　　　　　　　　　　　　÷残存耐用年数2年（新耐用年数4年－経過2年）＝1,050,000

(8) リース資産

(借) 減 価 償 却 費	725,980 [*1]	(貸) リ ー ス 資 産	725,980

　＊1　下記10(2)参照3,629,900÷経済的耐用年数5年＝725,980

　※　所有権移転ファイナンス・リース取引に該当するため，リース期間ではなく，経済的耐用年数で
　　減価償却を行う。

6 有価証券及び投資有価証券に関する事項

(1) S社株式

① 保有目的の変更

(借) 投資有価証券	55,400,000	(貸) 有 価 証 券	56,000,000
有 価 証 券 評 価 損	600,000		

② 期末評価

(借) 投資有価証券	2,000,000 [*1]	(貸) 繰 延 税 金 負 債	600,000 [*2]
		その他有価証券評価差額金	1,400,000 [*3]

* 1　57,400,000 − 55,400,000 = 2,000,000
* 2　2,000,000 × 税率30% = 600,000
* 3　貸借差額

(2) T社社債

① 帳簿価額の修正

(借) 投資有価証券	40,000	(貸) その他の販売費	40,000

② 利払日（9月末）の取引の修正

(借) 仮 受 金	110,000 [*2]	(貸) 有 価 証 券 利 息	186,800 [*1]
投 資 有 価 証 券	76,800 [*3]		

* 1　(9,300,000 + 40,000) × 4.0% × 6ヵ月/12ヵ月 = 186,800
* 2　額面10,000 × 1,000口 × 2.2% × 6ヵ月/12ヵ月 = 110,000
* 3　貸借差額

③ 利払日（3月末）の取引の修正

(借) 仮 受 金	110,000 [*2]	(貸) 有 価 証 券 利 息	188,336 [*1]
投 資 有 価 証 券	78,336 [*3]		

* 1　(9,300,000 + 40,000 + 76,800) × 4.0% × 6ヵ月/12ヵ月 = 188,336
* 2　額面10,000 × 1,000口 × 2.2% × 6ヵ月/12ヵ月 = 110,000
* 3　貸借差額

(3) U社株式

(借) 投資有価証券評価損	12,800,000 [*1]	(貸) 投 資 有 価 証 券	12,800,000

* 1　20,000,000 − 実質価額7,200,000（1株当たり純資産額18,000 × 400株）= 12,800,000

(4) V社株式

(借) 投資有価証券	200,000 [*1]	(貸) 繰 延 税 金 負 債	60,000 [*2]
		その他有価証券評価差額金	140,000 [*3]

* 1　12,200,000 − 12,000,000 = 200,000
* 2　200,000 × 税率30% = 60,000
* 3　貸借差額

(5) W社株式

(借) 投資有価証券評価損	2,800,000 [*1]	(貸) 投 資 有 価 証 券	2,800,000

* 1　5,000,000 − 2,200,000 = 2,800,000

(6) 甲社株式（自己株式）

（借）自　己　株　式	1,600,000	（貸）投　資　有　価　証　券	1,650,000
支　払　手　数　料	50,000		

7 貸倒引当金に関する事項

(1) 破産更生債権等

（借）破　産　更　生　債　権　等	4,500,000	（貸）売　　掛　　金	4,500,000

※ 第三者振出手形2,400,000は一般債権である。

(2) 貸倒引当金の設定

（借）貸　倒　引　当　金　繰　入	5,702,000 [*1]	（貸）貸　倒　引　当　金	5,702,000

* 1 ・一般債権：(48,399,000＋41,800,000－1,700,000－900,000－55,000－44,000－600,000（11参照）
＋200,000（11参照）＋800,000（11参照）－破産更生債権等4,500,000
－貸倒懸念債権2,000,000）×0.5％＝407,000
・貸倒懸念債権：2,000,000×50％＝1,000,000
・破産更生債権等：4,500,000×100％＝4,500,000
∴ 407,000＋1,000,000＋4,500,000－前T/B205,000＝5,702,000

8 退職給付引当金に関する事項

(1) 仮払金からの振替

（借）退　職　給　付　引　当　金	20,500,000 [*1]	（貸）仮　　払　　金	20,500,000

* 1 11,000,000＋9,500,000＝20,500,000

(2) 人件費（退職給付費用）の計上

（借）人　　件　　費	38,000,000 [*1]	（貸）退　職　給　付　引　当　金	38,000,000

退職給付引当金

退職一時金支払額	11,000,000	期首 [*2]	199,500,000
年金掛金拠出額	9,500,000		
期末 [*3]	217,000,000	退職給付費用（人件費）[*1]	38,000,000

* 1 217,000,000（＊3）＋11,000,000＋9,500,000－199,500,000（＊2）＝38,000,000
* 2 退職給付債務（141,800,000＋106,100,000）－年金資産48,400,000＝199,500,000
* 3 退職給付債務（150,200,000＋115,800,000）－年金資産49,000,000＝217,000,000

9 転換社債型新株予約権付社債に関する事項

(1) 権利行使

(借) 社 債 利 息	200,000 *1	(貸) 社 債	200,000
(借) 社 債	19,200,000 *2	(貸) 資 本 金	10,200,000 *4
新 株 予 約 権	1,200,000 *3	資 本 準 備 金	10,200,000 *4

*1　3,000,000×権利行使分2,000個/5,000個×6ヵ月/36ヵ月＝200,000

*2　（50,000,000－3,000,000）＋3,000,000×12ヵ月/36ヵ月＝48,000,000
　　48,000,000×2,000個/5,000個＝19,200,000

*3　3,000,000×2,000個/5,000個＝1,200,000

*4　払込価額（19,200,000＋1,200,000）×1／2＝10,200,000

(2) 償却原価法

(借) 社 債 利 息	600,000 *1	(貸) 社 債	600,000

*1　3,000,000×未行使分3,000個/5,000個×12ヵ月/36ヵ月＝600,000

(3) 社債利息の未払計上

(借) 社 債 利 息	450,000 *1	(貸) 未 払 社 債 利 息	450,000

*1　30,000,000×3％×6ヵ月/12ヵ月＝450,000

10 リース契約に関する事項

(1) 会社仕訳

(借) 仮 払 金	1,000,000	(貸) 現 金	1,000,000

(2) 正しい仕訳

① リース開始時

(借) リ ー ス 資 産	3,629,900 *1	(貸) リ ー ス 債 務	3,629,900

*1　見積現金購入価額3,800,000＞リース料総額の現在価値3,629,900（*2）

*2　1,000,000（リース料総額4,000,000÷リース期間4年）×年金現価係数3.6299＝3,629,900

∴　3,629,900

② リース料支払時

(借) 支 払 利 息	145,196 *1	(貸) 現 金	1,000,000
リ ー ス 債 務	854,804 *2		

*1　リース債務3,629,900×4％＝145,196

*2　貸借差額

(3) 修正仕訳（(2)－(1)）

(借) リ ー ス 資 産	3,629,900	(貸) リ ー ス 債 務	3,629,900
(借) 支 払 利 息	145,196	(貸) 仮 払 金	1,000,000
リ ー ス 債 務	854,804		

11 為替予約に関する事項

(1) 振当処理から独立処理への変更

① 振当処理（甲社仕訳）

(a) 直々差額

（借）売 掛 金	600,000 [*1]	（貸）為 替 差 益	600,000

＊1　200,000ドル×（ＨＲ93円－ＨＲ90円）＝600,000

(b) 直先差額

（借）前 払 費 用	100,000	（貸）売 掛 金	200,000 [*1]
為 替 差 損	100,000		

＊1　200,000ドル×（ＨＲ93円－ＦＲ92円）＝200,000

② 変更に伴う修正仕訳（①の逆仕訳）

（借）為 替 差 益	600,000	（貸）売 掛 金	600,000
（借）売 掛 金	200,000	（貸）前 払 費 用	100,000
		為 替 差 損	100,000

③ 独立処理

（借）売 掛 金	800,000 [*1]	（貸）為 替 差 益	800,000
（借）為 替 差 損	200,000	（貸）為 替 予 約	200,000 [*2]

＊1　200,000ドル×（ＣＲ94円－ＨＲ90円）＝800,000

＊2　200,000ドル×（ＦＲ93円－ＦＲ92円）＝200,000

(2) 予定取引

（借）為 替 予 約	150,000 [*1]	（貸）繰 延 税 金 負 債	45,000 [*2]
		繰 延 ヘ ッ ジ 損 益	105,000 [*3]

＊1　150,000ドル×（ＦＲ93円－ＦＲ92円）＝150,000

＊2　150,000×税率30％＝45,000

＊3　貸借差額

12 合併に関する事項

(1) 合併時

（借）現 金	9,500,000	（貸）買 掛 金	2,000,000
土 地	4,800,000 [*1]	投 資 有 価 証 券	4,000,000 [*2]
の れ ん	4,000,000 [*5]	自 己 株 式	1,200,000 [*3]
		資 本 準 備 金	5,550,000 [*4]
		その他資本剰余金	5,550,000 [*4]

＊1　関連会社を被結合企業とする企業結合は，共通支配下の取引ではなく取得に該当するため，パーチェス法が適用され，吸収合併時の時価で測定する。

＊2　乙社が吸収合併で消滅するため，保有する乙社株式を消滅させる。

＊3　自己株式簿価1,600,000÷20株×交付自己株式数15株＝1,200,000

＊4　取得原価12,300,000（交付株式数150株×甲社株価82,000）－交付自己株式簿価1,200,000（＊3）
＝11,100,000　11,100,000÷2＝5,550,000

    ＊5　貸借差額

(2)　引受買掛金の支払

（借）買　　掛　　金	1,000,000	（貸）仮　　払　　金	1,000,000

(3)　株式交付費

（借）株　式　交　付　費	90,000	（貸）仮　　払　　金	90,000
（借）株　式　交　付　費　償　却	15,000 ＊1	（貸）株　式　交　付　費	15,000

    ＊1　$90,000 \div 3$ 年 $\times 6$ ヵ月/12ヵ月 ＝ 15,000

(4)　のれんの償却

（借）の　れ　ん　償　却	200,000 ＊1	（貸）の　　れ　　ん	200,000

    ＊1　$4,000,000 \div 10$ 年 $\times 6$ ヵ月/12ヵ月 ＝ 200,000

13　消費税等に関する事項

（借）仮　受　消　費　税　等	45,683,000 ＊1	（貸）仮　払　消　費　税　等	33,240,000 ＊2
		未　払　消　費　税　等	12,443,000 ＊3

    ＊1　$45,626,000 - 5,000 - 4,000 + 66,000 = 45,683,000$

    ＊2　$32,820,000 + 420,000 = 33,240,000$

    ＊3　貸借差額

14　為替差益と為替差損の相殺

（借）為　　替　　差　　益	220,000	（貸）為　　替　　差　　損	220,000

15　法人税等及び税効果会計に関する事項

(1)　税効果会計（評価・換算差額等に係るもの以外）

（借）繰　延　税　金　資　産	6,222,000 ＊1	（貸）法　人　税　等　調　整　額	6,222,000

	前期末	増　減	当期末
貸倒引当金限度超過額 （貸倒懸念債権）	0	＋990,000	（＊2）　　990,000
貸倒引当金限度超過額 （破産更生債権等）	0	＋2,250,000	（＊3）　2,250,000
退職給付引当金	199,500,000	＋17,500,000	217,000,000
合　　計	199,500,000	＋20,740,000	220,240,000

    ＊1　将来減算一時差異増加額20,740,000×税率30％＝6,222,000

    ＊2　会計上1,000,000－税務上10,000（2,000,000×0.5％）＝990,000

    ＊3　会計上4,500,000－税務上2,250,000（4,500,000×50％）＝2,250,000

(2)　法人税等

（借）法　　人　　税　　等	11,660,274 ＊1	（貸）未　払　法　人　税　等	11,576,274 ＊3
		その　他　の　販　売　費	84,000 ＊2

    ＊1　税引前当期純利益（収益462,907,656－費用444,780,076）×税率30％＝5,438,274

5,438,274 ＋ 上記(1)法人税等調整額6,222,000 ＝ 11,660,274

＊2　受取配当金に係る源泉所得税額

＊3　貸借差額

学者×実務家解答・解説

【資料4】 決算整理後残高試算表（X7年3月31日現在）

（単位：円）

借 方			貸 方		
勘 定 科 目		金 額	勘 定 科 目		金 額
現　　　　　　金		11,616,600	買　　掛　　金	㉚	68,387,580
当　座　預　金	①	40,250,500	短　期　借　入　金	㉛	550,000
受　取　手　形	②	46,699,000	未　払　社　債　利　息	㉜	450,000
売　　掛　　金	③	36,701,000	未　払　法　人　税　等		11,576,274
商　　　　　品	④	26,250,000	未　払　消　費　税　等	㉝	12,443,000
建　　　　　物	⑤	95,014,000	為　替　予　約	㉞	50,000
車　両　運　搬　具	⑥	3,690,000	貸　倒　引　当　金		5,907,000
備　　　　　品	⑦	25,690,000	資　産　除　去　債　務	㉟	1,428,000
土　　　　　地	⑧	89,280,000	社　　　　　債	㊱	29,100,000
リ　ー　ス　資　産	⑨	2,903,920	リ　ー　ス　債　務	㊲	2,775,096
の　　れ　　ん	⑩	3,800,000	繰　延　税　金　負　債	㊳	705,000
投　資　有　価　証　券	⑪	88,495,136	退　職　給　付　引　当　金	㊴	217,000,000
自　己　株　式	⑫	400,000	資　　本　　金	㊵	69,200,000
破　産　更　生　債　権　等	⑬	4,500,000	資　本　準　備　金	㊶	40,040,000
繰　延　税　金　資　産	⑭	66,072,000	その他資本剰余金	㊷	5,550,000
株　式　交　付　費		75,000	繰　越　利　益　剰　余　金	㊸	60,140,900
売　　上　　原　　価	⑮	286,810,000	その他有価証券評価差額金	㊹	1,540,000
商　品　評　価　損	⑯	425,000	繰　延　ヘ　ッ　ジ　損　益	㊺	105,000
人　　件　　費	⑰	84,900,000	新　株　予　約　権	㊻	1,800,000
貸　倒　引　当　金　繰　入	⑱	5,702,000	売　　　　　上	㊼	460,350,000
減　価　償　却　費	⑲	13,187,980	有　価　証　券　利　息	㊽	375,136
の　れ　ん　償　却		200,000	受　取　配　当　金		1,572,520
利　　息　　費　　用	⑳	28,000	為　替　差　益	㊾	610,000
その他の販売費	㉑	34,718,900	法　人　税　等　調　整　額	㊿	6,222,000
支　払　利　息	㉒	145,196			
社　債　利　息	㉓	2,000,000			
株　式　交　付　費　償　却	㉔	15,000			
支　払　手　数　料		50,000			
有　価　証　券　評　価　損	㉕	600,000			
商　品　廃　棄　損	㉖	58,000			
固　定　資　産　売　却　損	㉗	340,000			
投　資　有　価　証　券　評　価　損	㉘	15,600,000			
法　　人　　税　　等	㉙	11,660,274			
合　　　　　計		997,877,506	合　　　　　計		997,877,506

174

税理士試験＜簿　記　論＞
解 答 用 紙

解答用紙についての注意事項

◆解答用紙は，すべて切り離すことができます。

◆繰り返しチャレンジしたい場合は，あらかじめコピーして
解くことをおすすめします。

出題者	第1回	ネットスクール
	第2回	瑞穂会
	第3回	LEC東京リーガルマインド
	第4回	学者×実務家のコラボ模試

 解答用紙のダウンロード方法

本書の解答用紙を無料でダウンロードができます。

繰り返し問題を解く際などにぜひご活用ください。

■中央経済社が運営するビジネス専門書 Online へアクセス

（https://www.biz-book.jp/）

↓

■「キーワードで探す」に本書の書名を入力

↓

■該当書籍の案内ページをクリック

↓

■「解答用紙ダウンロードはコチラ」から PDF を入手

学習の記録
得点アップ&スピードアップを目指そう!

	第1回 ネットスクール		第2回 瑞穂会		第3回 LEC		第4回 学者×実務家	
日付	月	日	月	日	月	日	月	日
点数		点		点		点		点
時間		分		分		分		分
日付	月	日	月	日	月	日	月	日
点数		点		点		点		点
時間		分		分		分		分
日付	月	日	月	日	月	日	月	日
点数		点		点		点		点
時間		分		分		分		分
日付	月	日	月	日	月	日	月	日
点数		点		点		点		点
時間		分		分		分		分
日付	月	日	月	日	月	日	月	日
点数		点		点		点		点
時間		分		分		分		分

解答用紙は切り取り式!
本試験に合わせて, A4サイズに
拡大コピー (115%) して使うのも
オススメです。

第1回　ネットスクール〈簿記論〉◆解答用紙

〔第 一 問〕

問1

ア		円

イ		円

ウ		円

エ		円

問2

（ケース1）

ア		円

イ		円

ウ		円

（ケース2）

ア		円

イ		円

ウ		円

問3

ア		円

イ		円

ウ		円

エ		円

オ		円

〔第 二 問〕

問1－1

(1) 入金伝票集計表： [　　　　　　] 円　　(2) 買掛金勘定

出金伝票集計表： [　　　　　　] 円　　　　　　借方： [　　　　　　] 円

振替伝票集計表： [　　　　　　] 円　　　　　　貸方： [　　　　　　] 円

問1－2

(1) 売上伝票集計表： [　　　　　　] 円　　(2) 売掛金勘定

仕入伝票集計表： [　　　　　　] 円　　　　　　借方： [　　　　　　] 円

振替伝票集計表： [　　　　　　] 円　　　　　　貸方： [　　　　　　] 円

問2

① [　　　　　　] 円　　　⑤ [　　　　　　] 円

② [　　　　　　] 円　　　⑥ [　　　　　　] 円

③ [　　　　　　] 円　　　⑦ [　　　　　　] 円

④ [　　　　　　] 円

問3

ア [　　　　　　] 円　　　エ [　　　　　　] 円

イ [　　　　　　] 円　　　オ [　　　　　　] 円

ウ [　　　　　　] 円

〔第 三 問〕

（単位：円）

No.	損益計算書科目	金　　額	No.	貸借対照表科目	金　　額
1	期首商品棚卸高		16	現　　　　　金	
2	当期商品仕入高		17	当　座　預　金	
3	商品棚卸減耗損		18	受　取　手　形	
4	販売費管理費		19	売　　掛　　金	
5	建物減価償却費		20	有　価　証　券	
6	備品減価償却費		21	商　　　　　品	
7	車両減価償却費		22	建　　　　　物	
8	社　債　利　息		23	備　　　　　品	
9	社　債　償　還　損		24	車　　　　　両	
10	法　人　税　等		25	投　資　有　価　証　券	
11	法人税等調整額		26	繰　延　税　金　資　産	
12	売　　上　　高		27	支　払　手　形	
13	期末商品棚卸高		28	買　　掛　　金	
14	有価証券運用益		29	未　払　法　人　税　等	
15	投資有価証券評価益		30	未　払　消　費　税　等	
			31	未　払　費　用	
			32	社　　　　　債	
			33	繰　延　税　金　負　債	
			34	その他有価証券評価差額金	

第2回 瑞穂会〈簿記論〉 ◆解答用紙

〔第 一 問〕

①	千円
②	千円
③	千円
④	千円
⑤	千円
⑥	千円
⑦	千円
⑧	千円
⑨	千円
⑩	千円
⑪	千円
⑫	千円
⑬	千円
⑭	千円
⑮	千円
⑯	千円
⑰	千円
⑱	千円
⑲	千円
⑳	千円
㉑	千円
㉒	％

瑞穂会解答用紙

〔第 二 問〕

問1

①	②	③
千円	千円	千円
④	⑤	⑥
千円	千円	千円

問2

資本剰余金	非支配株主持分
千円	千円

問3

決算整理後残高試算表（一部）　　　　　　（単位：千円）

借方科目	金額	貸方科目	金額
売　　掛　　金	98,000	買　　掛　　金	80,100
クレジット売掛金	86,400	店 頭 販 売 売 上	700,000
繰 越 商 品	(　　　　　)	通 信 販 売 売 上	(　　　　　)
積 送 品	(　　　　　)	積 送 品 売 上	(　　　　　)
繰 延 積 送 諸 掛	(　　　　　)		
仕　　　　　入	(　　　　　)		
積 送 諸 掛	(　　　　　)		
支 払 手 数 料	43,200		

店頭販売原価率	通信販売原価率	委託販売原価率
％	％	％

問4

①	②	③	④	⑤
円	円	円	円	円
⑥	⑦	⑧	⑨	⑩
円	円	円	円	円

〔第 三 問〕

（単位：円）

(1)		(2)		(3)		(4)	
(5)		(6)		(7)		(8)	
(9)		(10)		(11)		(12)	
(13)		(14)		(15)		(16)	
(17)		(18)		(19)		(20)	
(21)		(22)		(23)		(24)	
(25)		(26)		(27)		(28)	
(29)		(30)		(31)		(32)	
(33)		(34)		(35)		(36)	
(37)		(38)		(39)		(40)	
(41)		(42)		(43)		(44)	
(45)		(46)		(47)		(48)	
(49)		(50)					

瑞穂会解答用紙

第3回　LEC東京リーガルマインド〈簿記論〉◆解答用紙

〔第 一 問〕

問1

(1)

支店 [　　　　　　　　] 千円　　　　本店へ売上 [　　　　　　　　] 千円

(2)

支店勘定の次期繰越高 [　　　　　　　　] 千円

(3)

① [　　　　　　] 千円	② [　　　　　　] 千円
③ [　　　　　　] 千円	④ [　　　　　　] 千円
⑤ [　　　　　　] 千円	⑥ [　　　　　　] 千円
⑦ [　　　　　　] 千円	⑧ [　　　　　　] 千円
⑨ [　　　　　　] 千円	⑩ [　　　　　　] 千円
⑪ [　　　　　　] 千円	⑫ [　　　　　　] 千円

問2

① [　　　　　　] 千円

② [　　　　　　] 千円

③ [　　　　　　] 千円

④ [　　　　　　] 千円

L E C 解答用紙

〔第 二 問〕

問1

公正な評価単価 　　　　　　　　　　　　　円

株式報酬費用 　　　　　　　　　　　　　千円

問2

① 　　　　　　　　　　千円

② 　　　　　　　　　　千円

③ 　　　　　　　　　　千円

問3

ケース① 　　　　　　　　千円

ケース② 　　　　　　　　千円

問4

① 　　　　　　　　　　千円

② 　　　　　　　　　　千円

③ 　　　　　　　　　　千円

純資産額

　　　　　　　　　　千円

〔第 三 問〕

(単位：円)

1		16	
2		17	
3		18	
4		19	
5		20	
6		21	
7		22	
8		23	
9		24	
10		25	
11		26	
12		27	
13		28	
14		29	
15		30	

第4回　学者×実務家のコラボ模試〈簿記論〉◆解答用紙

〔第 一 問〕

問1

((1)仕訳の金額の単位：円)

(1)	①		②	
	③		④	
(2)	①	円	②	円
	③	円	④	円

問2

(1)	円
(2)	円
(3)	円
(4)	円
(5)	円
(6)	円
(7)	円

問3

(仕訳の金額の単位：円)

(1)	①	②	③
	④	⑤	
(2)	①	②	③
	④	⑤	

〔第 二 問〕

問1

((1)の単位：円)

(1)	①	②	③
	④	⑤	⑥
	⑦	⑧	⑨
(2)	円		
(3)	年		

問2

((1)の単位：円)

(1)	①	②	③
	④	⑤	
(2)			

問3

(1)	① 円	② 円
(2)	① 円	② 円
(3)	① 円	② 円
(4)	円	

〔第 三 問〕

（単位：円）

	勘 定 科 目	金　額		勘 定 科 目	金　額
①	当 座 預 金		㉖	商 品 廃 棄 損	
②	受 取 手 形		㉗	固 定 資 産 売 却 損	
③	売 掛 金		㉘	投 資 有 価 証 券 評 価 損	
④	商 品		㉙	法 人 税 等	
⑤	建 物		㉚	買 掛 金	
⑥	車 両 運 搬 具		㉛	短 期 借 入 金	
⑦	備 品		㉜	未 払 社 債 利 息	
⑧	土 地		㉝	未 払 消 費 税 等	
⑨	リ ー ス 資 産		㉞	為 替 予 約	
⑩	の れ ん		㉟	資 産 除 去 債 務	
⑪	投 資 有 価 証 券		㊱	社 債	
⑫	自 己 株 式		㊲	リ ー ス 債 務	
⑬	破 産 更 生 債 権 等		㊳	繰 延 税 金 負 債	
⑭	繰 延 税 金 資 産		㊴	退 職 給 付 引 当 金	
⑮	売 上 原 価		㊵	資 本 金	
⑯	商 品 評 価 損		㊶	資 本 準 備 金	
⑰	人 件 費		㊷	そ の 他 資 本 剰 余 金	
⑱	貸 倒 引 当 金 繰 入		㊸	繰 越 利 益 剰 余 金	
⑲	減 価 償 却 費		㊹	その他有価証券評価差額金	
⑳	利 息 費 用		㊺	繰 延 ヘ ッ ジ 損 益	
㉑	そ の 他 の 販 売 費		㊻	新 株 予 約 権	
㉒	支 払 利 息		㊼	売 上	
㉓	社 債 利 息		㊽	有 価 証 券 利 息	
㉔	株 式 交 付 費 償 却		㊾	為 替 差 益	
㉕	有 価 証 券 評 価 損		㊿	法 人 税 等 調 整 額	